Klaus Paysan

Aquaristik für Einsteiger

AUGUSTUS

Inhalt

Fische kennenlernen 4

Lebensraum Wasser 4

Fische im Aquarium 6

Arten 8

Wichtige Fragen vorab 16

Paßt ein Aquarium zu mir? 16

Welche Arbeit erwartet mich? 17

Kinder und Aquarium 18

Was kostet ein Aquarium? 20

Wie groß soll das Aquarium sein? 21

Kalt- oder Warmwasserbecken 21

Gesellschafts-, Arten- oder Landschaftsbecken 22

Was tun im Urlaub? 22

Aquarieneinrichtung und Pflege 24

Das richtige Zubehör 24

Der geeignete Platz 28

Das Aquarium einrichten 29

Bodengrund und Dekoration 29

Steine 30

Holz 30

Einrichten eines Süßwasser-Gesellschaftsbeckens 31

Pflanzen sichern das Leben 32

Die schönsten Aquarienpflanzen 33

Fische kaufen und einsetzen 35

Der Erstbesatz 36

Die ersten Fische 37

Die richtige Fütterung 38
Abwechslungsreiche Kost 38
Flockenfutter 39
Lebendfutter 39
Artgerechte Ernährung 40
Sonderfall: Nachtschwärmer 41
Kraftfutter nicht für alle Tage! 41

Sauberkeit und Pflege 42
Wasserwechsel ist wichtig 42
Ist Leitungswasser geeignet? 42
Wie oft muß ich das Wasser wechseln? 43
Mulmabsaugen 44
Algen an den Scheiben 45
Filterreinigung 45

Fische züchten 46
Strategien zur Arterhaltung 46
Voraussetzungen für die Zucht 49
Das Ablaichbecken im großen Aquarium 50
Zuchtbecken für Schwarmfische 50
Buntbarsche versorgen die Brut selbst 51
Antennenwelse züchten leicht 51

Gesundheitsvorsorge und Krankheiten 52
Ein Quarantänebecken ist unverzichtbar! 52
Isolierung für neuerworbene Fische 52
Was tun, wenn die Fische krank werden 53
Häufige Krankheiten 54

FISCHE VERSTEHEN LERNEN 56
Kleine Fischkunde 56

Fische und ihr Verhalten 59
Auffällige Verhaltensweisen 60

Forum für Fische 61
Literatur, Adressen, Impressum 62
Register 62
Fischespiel 63
Antworten zum Fischespiel 64

Fische kennenlernen

Mit einem Aquarium holen Sie sich ein Stück Natur ins Haus, in dem sich die Bewohner fast ebenso natürlich verhalten, wie in ihrem angestammten Lebensraum. Sie werden schnell feststellen, welch faszinierende Einblicke Ihnen dieses kleine Biotop gestattet, gleichgültig, ob Sie einen tropischen südamerikanischen Fluß nachbilden, einen ostasiatischen Bachlauf oder ein Felsufer, das einem der großen afrikanischen Seen nachempfunden wurde.

Lebensraum Wasser

Das Leben im Wasser ist grundverschieden von dem auf dem Lande. Wir Menschen müssen Luft mit uns nehmen, wenn wir tauchen wollen, und uns mit Metallgewichten beschweren, damit uns der Auftrieb des Wassers nicht wieder an die Oberfläche drückt. Fische sind dagegen an diese Verhältnisse optimal angepaßt. Statt Sauerstoff über die Lunge aus der Luft zu entnehmen,

Ein fachmännisch eingerichtetes Aquarium kann Heimat für eine Vielzahl unterschiedlicher Fische sein.

Tropenflüsse, wie dieser in Kamerun, sind die Heimat vieler Zierfische.

lassen sie das Wasser über ihre Kiemen strömen und entziehen diesem den Sauerstoff, den sie zum Leben benötigen. Mit Hilfe ihrer Schwimmblase können sie im Wasser schweben und durch Veränderung der Druckverhältnisse aufsteigen oder sich absinken lassen, ohne daß sie hierfür große Kraft aufbieten müssen.

Aber nicht nur an das Wasser selbst, sondern auch an die unterschiedlichsten Gewässerformen dieser Erde haben sich die Fische im Laufe von etwa 400 Millionen Jahren perfekt angepaßt. So leben die Fische der gemäßigten Regionen in relativ kalten Flüssen und Seen, deren Oberfläche im Winter oft sogar zufriert, während sich die Bedingungen in den warmen tropischen Gewässern im Jahreslauf nur wenig ändern.
Die Bewohner der großen ostafrikanischen Seen, etwa dem Malawi- und Tanganjikasee leben in sehr hartem, alkalischem Wasser, während der Amazonas und seine Nebenflüsse in der Regel weiches und relativ saures Wasser führen. Die Fische der Meere sind an salzhaltiges Wasser angepaßt, und manche wandern zum Laichen sogar vom Meer ins Süßwasser (oder umgekehrt), so daß sie lernen mußten, mit diesen sehr unterschiedlichen Verhältnissen umzugehen.

Was ist Wasser?

Reines Wasser ist chemisch betrachtet H_2O, besteht also aus zwei Wasserstoffatomen und einem Sauerstoffatom. Für alles Leben auf dieser Erde ist Wasser ein unverzichtbares Element. Kein Organismus kann auf Dauer ohne Wasser existieren. Sogar unser Körper besteht zu einem hohen Anteil aus Wasser, und wir können länger ohne Nahrung auskommen als ohne Wasser.

Auch wenn es merkwürdig klingt: Die Pflege und Wartung eines Kaltwasserbeckens ist oft schwieriger als die eines Aquariums mit tropischen Fischen, denn es ist in unseren geheizten Wohnungen nicht leicht, die Temperatur im Becken so niedrig zu halten, daß Kaltwasserfische sich darin wohl fühlen können.

Fische im Aquarium

Diese unterschiedlichen Ansprüche muß natürlich auch der Aquarianer bei seiner Planung berücksichtigen. Soll es ein Kaltwasser- oder Warmwasserbecken sein und will man, falls die Entscheidung auf letztgenannten Typ fällt, Arten aus einem südostasiatischen Bach halten oder lieber solche aus einem südamerikanischen Dschungelfluß, die durchaus verschiedene Ansprüche an ihre Umwelt haben? Und Fische spüren kleinste Veränderungen in der Härte, im Säuregrad oder in der Temperatur und werden sich unwohl fühlen, erkranken oder sogar sterben, wenn man ihren Ansprüchen nicht gerecht wird. Das A und O der Aquaristik ist es daher, die Ansprüche seiner Pfleglinge genau zu kennen und dafür Sorge zu tragen, diesen gerecht zu werden. Hierzu bietet der Fachhandel zahlreiche Hilfen an.

Das war allerdings nicht immer so. In den Anfängen der Aquaristik, die sich in Europa gegen Ende des 17. Jahrhunderts langsam auszubreiten begann, kamen gerade bei der Haltung von Warmwasserfischen oft recht abenteuerliche Konstruktionen zur Anwendung, etwa Gas- oder Ölbrenner, die man unter dem Becken anbrachte, um das Wasser zu erwärmen. Wie man sich leicht vorstellen kann, überlebten die meisten der recht empfindlichen tropischen Fische diese unzureichenden Bedingungen nur kurze Zeit. Erst als im 19. Jahrhundert die Elektrizität ihren Siegeszug begann, wandelte sich auch die Aquaristik und erreichte schließlich ihre jetzige Form mit einer weitgehend perfektionierten Technik.

Wer heute in ein Zoofachgeschäft geht, kann seine Auswahl normalerweise aus Hunderten verschiedenster Zierfischarten treffen. Und diesen kann er dank modernster Technik einen Lebensraum schaffen, in dem viele von ihnen nicht nur jahrelang gesund und munter leben, sondern sich sogar regelmäßig fortpflanzen – fast immer ein Zeichen dafür, daß die Tiere sich wohl fühlen. Um den Zierfischen, die je nach Herkunft recht unterschiedliche Ansprüche haben können, geeignete Bedingungen zu schaffen, gilt es allerdings, einige Dinge zu beachten. Ihnen dabei behilflich zu sein, ist das Anliegen dieses Buches.

Bemerkungen zum Artenschutz

Heutzutage hält man aus Gründen des Natur- und Artenschutzes nur noch wenige Fische, die in ihrer Heimat wild gefangen und sofort an den Aquarianer verkauft werden. Große Zuchtanlagen, vor allem in Südostasien, versorgen den Markt mit Nachzuchten, die bereits an eine mittlere Temperatur und weniger extreme Wasserwerte gewöhnt sind.

Dennoch sind auch die Umweltansprüche dieser Zuchtfische immer noch von den Bedingungen der Gewässer geprägt, in denen ihre Vorfahren gelebt haben und die im genetischen Programm verankert sind. Wohlbefinden, Farbfreudigkeit und Fortpflanzungsbereitschaft sind immer noch von Faktoren abhängig, die den optimalen Bedingungen ihrer ursprünglichen Heimat entsprechen.

Einige Zierfische, etwa dieser Zwerg- oder Schwarzbarsch (Elassoma evergladei) *vertragen Temperaturen zwischen 10 und 30 °C, so daß sie sowohl in einem Kalt- als auch in einem Warmwasseraquarium gehalten werden können.*

Nachfolgend die 16 beliebtesten Aquarienfische. Alle zusammen kann man nicht in einem Aquarium halten. Es dürfen nur Arten vergesellschaftet werden, die in ihren Ansprüchen an Temperatur, ph-Wert, Wasserhärte und Umweltbedingungen die gleichen Ansprüche stellen. Ein Vorschlag für einen Erstbesatz: Ancistrus, Blackmolly, Schwertträger, 6 Guppies, 4 Platies, 3 Panzerwelse, 2 Purpurprachtbarsche, 6 Sumatrabarben und 6 Zebrabärblinge.

Lebendgebärende

Lebendgebärende Zahnkarpfen stammen aus Nord-, Mittel- und Südamerika, wurden aber in vielen anderen Gebieten der Erde als biologische Schädlingsbekämpfer gegen malariaübertragende Moskitos ausgesetzt.

Guppy, Millionenfisch

Poecilia reticulata

Herkunft Mittelamerika und nördliches Südamerika.

Kennzeichen Größe: Weibchen bis 6 cm; Männchen etwa 3 cm. Die Wildform ist kleiner und nicht so auffällig gefärbt; im Zoofachhandel bekommt man aber fast ausschließlich auffallend gefärbte Zuchtvarianten. Die Männchen haben verlängerte Flossen und ein Gonopodium, die Weibchen sind unscheinbarer. Trächtige Weibchen zeigen eine stark ausgebogene Bauchlinie und einen dunklen Trächtigkeitsfleck in der Nähe der Kloake.

Haltung Einer der beliebtesten Anfängerfische. Hart, friedlich und daher sehr leicht zu halten und zu züchten. Gut geeignet sind dicht bepflanzte Gesellschaftsbecken mit anderen friedlichen Arten. Temperaturbereich 18–27 °C; pH 7,0–7,5; dGH 10–30°.

Ernährung Allesfresser. Lebend-, Trocken- und Gefrierfutter sowie pflanzliche Kost.

Zucht Weibchen werden nach drei Monaten geschlechtsreif, Männchen sogar noch früher. Die Jungfische sind sofort in der Lage, für sich selbst zu sorgen. Weibchen können männliches Sperma längere Zeit in ihrem Körper aufbewahren, so daß nicht vor jedem Wurf eine erneute Begattung notwendig ist. Die Elterntiere stellen ihren Jungen oft nach, so daß man einen Ablaichkasten verwenden sollte oder ein eigenes Zuchtbecken, aus dem das Weibchen dann entfernt wird.

Black Molly

Poecilia sphenops

Herkunft Bei diesem Fisch handelt es sich um eine schwarze Zuchtform des Spitzmaulkärpflings, dessen Verbreitungsgebiet sich von Mexiko bis Kolumbien erstreckt.

Kennzeichen Größe: bis 6 cm. Neben der schwarzen Form gibt es noch weitere Zuchtvarianten, beispielsweise solche mit ausgezogenen Schwanzflossen. Männchen besitzen ein Gonopodium, Weibchen sind zumeist deutlich rundlicher.

Haltung Guter Anfängerfisch, der in einem dicht bepflanzten Gesellschaftsbecken gehalten werden sollte. Temperaturbereich 23–28 °C; pH 7,0–8,0; dGH 10–30°.

Ernährung Allesfresser. Benötigt viel pflanzliche Nahrung.

Zucht Problemlos. Wenn in einem Becken ausreichend Versteckmöglichkeiten vorhanden

sind, überleben auch dort zahlreiche Jungfische, die übrigens nicht immer tiefschwarz wie die Eltern aussehen müssen.

Schwertträger

Xiphophorus helleri

Herkunft Mittelamerika.

Kennzeichen Größe: Weibchen bis 12 cm; Männchen etwa 10 cm. Die schwertartige Verlängerung des unteren Teils der Schwanzflosse, die sich erst mit zunehmendem Alter entwickelt, haben nur die Männchen. Neben der Wildform existieren zahlreiche verschiedene Farbschläge.

Haltung Es handelt sich um aktive und robuste Fische, die ein größeres Gesellschaftsbecken mit zahlreichen Pflanzen, aber auch viel freiem Schwimmraum bevorzugen. Männchen sind

untereinander manchmal etwas unverträglich. Temperaturbereich 18–28°C; pH 7,0–8,0; dGH 15–30°.

Ernährung Allesfresser. Der Anteil tierischer Nahrung sollte nicht zu gering sein.

Zucht Die Zucht ist problemlos. Große Weibchen können bis zu 80 Junge werfen. In Becken ohne dichten Pflanzenwuchs sollte ein Ablaichkasten verwendet werden.

Platy, Spiegelkärpfling

Xiphophorus maculatus

Herkunft Mexiko, Guatemala und Honduras.

Kennzeichen Größe: Weibchen bis 6 cm; Männchen etwa 4 cm. Die Wildform ist grau mit dunklen Flecken; im Zoofachhandel wer-

den zumeist rote oder gelbe Zuchtformen angeboten. Die Männchen sind kleiner und haben ein Gonopodium.

Haltung Die friedliche Art eignet sich gut für dicht bepflanzte Gesellschaftsbecken. Temperaturbereich 18–25°C; pH 7,0–8,0; dGH 10–25°.

Ernährung Allesfresser. Pflanzliche Nahrung sollte nicht fehlen.

Zucht Bei ausreichend Versteckmöglichkeiten werden die Jungfische auch in einem Gesellschaftsbecken groß.

Salmler

Die Familie der Salmler umfaßt etwa 1300 Arten, die hauptsächlich in Mittel- und Südamerika sowie Afrika heimisch sind, wo sie zumeist in Schwärmen leben. Das typische Merkmal der Salmler ist die sogenannte Fettflosse zwischen Rücken- und Schwanzflosse. Die meisten Arten sind Freilaicher, wobei die klebrigen Eier nach der Ablage zumeist an Pflanzen hängen bleiben.

Roter Neon

Paracheirodon axelrodi

Herkunft Venezuela, Brasilien und Kolumbien.

Kennzeichen Größe: bis 5 cm. Männchen sind im allgemeinen etwas schlanker. Vom ähnlichen Neonsalmler *(P. innesi)* und Blauen Neon *(P. simulans)* läßt sich die Art durch die größeren roten Bereiche unterscheiden.

Haltung Ein ausgezeichneter Schwarmfisch für Gesellschaftsaquarien. Die Farben der Tiere kommen am besten in weichem, saurem Wasser zur Geltung. Temperaturbereich 23–27 °C; pH 4,5–6,0; dGH um 4°.

Ernährung Allesfresser. Flocken- und feines Lebendfutter.

Zucht Die Zucht ist nicht ganz einfach, so daß immer noch viele Wildfänge im Handel sind.

Kupfersalmler

Hasemannia nana

Herkunft Kleine Bäche in Brasilien.

Kennzeichen Größe: bis 5 cm. Die Männchen sind schlanker und kräftiger gefärbt, außerdem ist die Spitze ihrer Afterflosse weiß, während die des Weibchens gelblich ist.

Haltung Es handelt sich um friedliche und recht langlebige Schwarmfische, die man gut in einem teilweise bepflanzten Gesellschaftsbecken mit kräftiger Strömung, ausreichend freiem Schwimmraum und sauerstoffreichem Wasser halten kann. Temperaturbereich 23–28 °C; pH 6,5–7,5; dGH bis 15°.

Ernährung Allesfresser. Flocken- und feines Lebendfutter.

Zucht Relativ leicht zu züchten. Die bis zu 200 Eier werden über feinblättrigen Pflanzen abgelegt. Die Elterntiere sollte man nach dem Ablaichen entfernen.

Trauermantelsalmler

Gymnocorymbus ternetzi

Herkunft Südamerika; hauptsächlich im Rio Negro und Rio Paraguay.

Kennzeichen Größe: bis 5,5 cm. Neben der Wildform gibt es noch eine langflossige Zuchtvariante. Die Männchen sind schlanker und haben eine etwas schmalere und spitzere Rückenflosse; bei Jungtieren sind die Querbinden noch nicht sehr deutlich zu erkennen.

Haltung Guter Anfängerfisch. Die unkomplizierten und friedlichen Schwarmfische sind für fast jede Art von Gesellschaftsbecken geeignet. Temperaturbereich 20–26 °C; pH 6,0–8,5; dGH bis 30°.

Ernährung Allesfresser. Alle Arten von Trockenfutter, aber auch lebende Nahrung.

Zucht Die Zucht bereitet kaum Schwierigkeiten. Die Eier werden zwischen Pflanzen abgelegt. Beide Elterntiere sollte man nach der Eiablage entfernen, da sie mitunter ihren Laich fressen.

Glühlichtsalmler

Hemigrammus erythrozonus

Herkunft Rio Essequibo (Guyana). Wird heute in großem Maßstab gezüchtet.

Kennzeichen Größe: bis 4 cm. Die Weibchen sind größer und kräftiger als die Männchen und haben eine stärker ausgebogene Bauchlinie.

Haltung Es handelt sich um friedliche Schwarmfische, die in einem dicht bepflanzten Becken mit gedämpfter Beleuchtung am besten zur Geltung kommen. Temperaturbereich 24–28 °C; pH 6,0–7,0 dGH 6–15°.

Ernährung Allesfresser. Die Fische bevorzugen lebende Nahrung, nehmen aber auch Flockenfutter.

Zucht Die Tiere laichen in weichem, saurem Wasser und bei hohen Temperaturen (um 28 °C) über und zwischen feinblättrigen Pflanzen ab.

Barben und Bärblinge

Barben und Bärblinge gehören zu den Karpfenfischen *(Cyprinidae)*, einer Familie mit weit über tausend Arten, von denen sich einige auch gut im Aquarium halten lassen. Fast alle Karpfenfische sind Freilaicher und zeigen, von wenigen Ausnahmen abgesehen, keine Brutpflege.

Sumatrabarbe

Barbus tetrazona

Herkunft Sumatra und Kalimantan (Borneo)

Kennzeichen Größe: bis 7 cm. Neben der gelblichen, dunkel gestreiften Wildform gibt es noch eine Reihe von Farbvarianten, etwa schwarz-grün gefärbte Tiere (Moosbarbe) sowie eine Albinoform.

Haltung Die sehr lebhaften Fische hält man möglichst schwarmweise in einem nicht zu kleinen Becken. Da Sumatrabarben gern an den Flossen anderer Fische zupfen, darf man sie nicht mit langflossigen Arten, etwa Skalaren oder Fadenfischen, vergesellschaften. Temperaturbereich 20–26 °C; pH 6,5–7,5; dGH bis 12°.

Ernährung Allesfresser. Flocken-, Gefrier- und Lebendfutter sowie pflanzliche Kost.

Zucht Die Zucht gelingt am besten, wenn man ein Paar in ein Zuchtbecken mit feinblättrigen Pflanzen setzt.

Zebrabärbling

Brachydanio rerio

Herkunft Indien

Kennzeichen Größe: bis 6 cm. Die Art zeigt eine Reihe auffälliger blauer Längsstreifen, die vom Kopf bis zum äußeren Rand der Schwanzflosse verlaufen, außerdem gibt es eine Zuchtform mit ausgezogenen Flossen. Die Männchen sind schlanker und etwas kleiner als die Weibchen.

Haltung Es handelt sich um anspruchslose, sehr aktive Oberflächenfische, die viel freien Schwimmraum benötigen. Temperaturbereich 18–24 °C; pH 6,5–7,5; dGH bis 12°.

Ernährung Allesfresser. Lebend- und Gefrierfutter, von Zeit zu Zeit auch pflanzliche Kost.

Zucht Die Zucht gelingt am einfachsten in einem Becken mit feinblättrigen Pflanzen, in das ein einzelnes Paar gesetzt wird. Die Jungfische schlüpfen nach etwa 48 Stunden und müssen mit sehr feinem Futter ernährt werden.

Buntbarsche

Die fast 1000 Arten aus der Familie der Buntbarsche *(Cichlidae)* sind in Mittel- und Südamerika sowie Afrika, Asien und Teilen der USA beheimatet. Es gibt unter ihnen eine Reihe von Aquarienfischen, die in Form, Farbe und Größe erheblich variieren können. Dabei werden einige für ein Gesellschaftsbecken schnell zu groß, während andere dort sogar problemlos ablaichen. Die meisten Buntbarsche betreiben Brutfürsorge.

Skalar, Segelflosser

Pterophyllum scalare

Herkunft Mittlerer Amazonas bis nach Peru und Ecuador.

Kennzeichen Größe: bis 15 cm. Die natürliche Farbe der Fische ist silbern mit dunklen Querbinden. Durch intensive Zucht gibt es heute aber eine Vielzahl verschiedenfarbiger Formen mit oft auch unterschiedlich ausgebildeten Flossen. Die Unterschiede zwischen den Geschlechtern sind gering.

Haltung Geeignet sind große, möglichst hohe, gut gefilterte Aquarien mit vielen Pflanzen. Skalare können auch in einem Gesellschaftsbecken gehalten werden, allerdings nicht mit sehr kleinen Fischen, die sonst oft als Beute dienen. Temperaturbereich 24–28 °C 15 cm; pH 6,5–7,5; dGH bis etwa 10°.

Ernährung Allesfresser. Lebend-, Trocken- und Gefrierfutter sowie pflanzliche Kost.

Zucht Die Eier werden auf einem gesäuberten Blatt oder Stein abgelegt. Beide Eltern kümmern sich um die Jungfische.

Südamerikanischer Schmetterlingsbuntbarsch

Papiliochromis ramirezi

Herkunft Kolumbien und Venezuela.

Kennzeichen Größe: bis etwa 7 cm. Bei den Männchen sind die vorderen Rückenflossenstrahlen zumeist etwas länger.

Haltung Die friedliche und gut zu vergesellschaftende Art bevorzugt ein dicht bepflanztes Aquarium, in dem aber auch noch freier Schwimmraum vorhanden sein sollte. Die Tiere werden zumeist nicht älter als 3 Jahre. Temperaturbereich 22–26 °C; pH um 7,0; dGH bis 10°.

Ernährung Allesfresser. Lebend-, Flocken- und Gefrierfutter.

Zucht Die Eier werden auf Steinen oder in Gruben abgelegt und von beiden Elterntieren betreut.

Labyrinthfische

Die Arten dieser Gruppe stammen aus zumeist kleinen, sauerstoffarmen Gewässern Afrikas und Südostasiens. Um dort leben zu können, haben sie neben den Kiemen noch ein weiteres Atemorgan entwickelt, das sogenannte Labyrinth. Mit Hilfe dieses Organs können die Tiere atmosphärische Luft atmen, sind also nicht ausschließlich auf den im Wasser gelösten Sauerstoff angewiesen. Dies bedeutet aber auch, daß sie unbedingt die Möglichkeit bekommen müssen, Luft zu atmen (sonst gehen sie ein), so daß das Wasser im Becken nicht bis direkt unter die Abdeckung reichen darf.

Zwergfadenfisch

Colisa lalia

Herkunft Ruhige Gewässer in Nordindien.

Kennzeichen Größe: bis 5 cm. Die Männchen sind mit ihren roten und blauen Streifen sehr viel farbenprächtiger als die schwach gestreiften silbrigen Weibchen.

Haltung Eine reizvolle Art, die paarweise in gut bepflanzten Becken gehalten werden sollte, wobei sich die Tiere auch mit anderen friedfertigen Fischen vergesellschaften lassen. Regelmäßiger Wasserwechsel ist unbedingt erforderlich, da eine Verschlechterung der Wasserqualität die Tiere anfällig für Infektionen und andere Krankheiten macht. Temperaturbereich 22–28 °C; pH 6,5–7,5; dGH bis 15°.

Ernährung Allesfresser. Viel Pflanzennahrung; zusätzlich Lebend- und Trockenfutter.

Zucht Die Tiere bauen ein Schaumnest, das zumeist auch Pflanzenmaterial enthält und vom Männchen bewacht wird. Das Weibchen entfernt man sofort nach dem Ablaichen, das Männchen nach etwa 2–3 Tagen. Die Jungen benötigen sehr feines Aufzuchtfutter.

Siamesischer Kampffisch

Betta splendens

Herkunft Träge fließende Gewässer in Thailand und Kambodscha.

Kennzeichen Größe: bis 7 cm. Ein beliebter Zierfisch, der nicht zuletzt wegen seiner Aggressivität gegenüber Artgenossen schon lange gezüchtet wird, so daß viele farbenprächtige Zuchtformen mit auffälligen Flossen existieren. Die Weibchen sind kleiner und unscheinbarer.

Haltung Geeignet sind Aquarien mit schwacher Strömung. Es sollte stets nur ein Männchen gehalten werden, da sich die Tiere sonst die Flossen zerfetzen oder noch bösere Verletzungen zufügen. Temperaturbereich 24–30°C; pH 6,0–8,0; dGH bis 25°.

Ernährung Kleines Lebendfutter aller Art, aber auch Flocken- und Gefrierfutter.

Zucht Das Männchen baut ein Schaumnest und bewacht es. Die Jungfische schlüpfen innerhalb von 24 Stunden. Sie benötigen anfangs sehr kleine Nahrung.

Welse

Zu den in Amerika, Afrika oder Asien heimischen Welsen gehören ungefähr 2000, oft recht ungewöhnliche Arten. So schwimmen einige auf dem Rücken, während andere Laute erzeugen oder elektrische Schläge austeilen, um ihre Beute zu lähmen. Die meisten der Arten sind Bodenfische und nicht wenige haben eine nächtliche Lebensweise angenommen, so daß man sie tagsüber nur selten sieht. Viele besitzen im Bereich des Mauls auffällige Barteln, die benutzt werden, um auch im Dunkeln Futter aufspüren zu können. Die meisten Welse sind Allesfresser, es gibt aber auch pflanzenfressende Arten, die gern zum „Abweiden" der Algen ins Aquarium gesetzt werden.

Gewellter Panzerwels

Corydoras undulatus

Herkunft Argentinien und östliches Brasilien.

Kennzeichen Größe: bis 5,5 cm. Die Weibchen sind in der Regel größer und kräftiger als die Männchen. Bei letzteren ist außerdem die Spitze der Rückenflosse schwarz gefärbt.

Haltung Das gut bepflanzte Becken sollte zahlreiche Verstecke bieten. Der möglichst dunkle Bodengrund darf auf keinen Fall scharfkantig sein, da sich die Tiere sonst die empfindlichen Barteln verletzen. Temperaturbereich 23–27°C; pH 6,0–8,0; dGH 4–25°.

Ernährung Allesfresser. Neben Futtertabletten möglichst regelmäßig Lebendfutter.

Zucht Zur Zucht sollte man 2 bis 3 Männchen mit einem Weibchen in ein gesondertes, nicht zu kleines Zuchtbecken setzen. Das Weibchen hält die Eier bei der Befruchtung mit den Bauchflossen fest und heftet sie dann an Steine oder Pflanzen.

Blauer Antennenwels

Ancistrus dolichopterus

Herkunft Schnellfließende Gewässer im Amazonasgebiet.

Kennzeichen Größe: bis 13 cm. Auffällig sind die zahlreichen, oft geweihartigen Auswüchse („Antennen") am Kopf, die beim Männchen zumeist zahlreicher und länger sind. Die Mundöffnung ist zu einem scheibenförmigen Saugmaul umgebildet.

Haltung Diese Welse werden gern zum „Abweiden" der Algen im Becken gehalten. Dieses sollte gut durchlüftet sein und zahlreiche Versteckmöglichkeiten bieten, in denen die nachtaktiven Tiere den Tag verbringen können. Temperaturbereich 23–27 °C; pH 6,0–7,5; dGH 2–30°.

Ernährung Hauptsächlich Algen. Die Welse fressen aber auch Futtertabletten und sollten von Zeit zu Zeit zusätzlich etwas Grünfutter bekommen, z.B. eingeweichte Salatblätter.

Zucht Die in Gelegeballen abgelegten Eier werden in Höhlen oder unter Wurzeln versteckt. Das Männchen betreibt Brutpflege. Die Jungfische müssen, nachdem der große Dottersack verbraucht wurde, mit sehr feinem Trockenfutter ernährt werden.

Wichtige Fragen vorab

Heute ist das Angebot an herrlich gefärbten und ungewöhnlichen Zierfischen so reichhaltig, daß man beim Kauf fast immer die Qual der Wahl hat. Bevor das große Aussuchen beginnt, sollte man sich allerdings zunächst noch einmal die Konsequenzen vor Augen führen, die mit der Anschaffung eines Aquariums verbunden sind.

Paßt ein Aquarium zu mir?

Ein Aquarium bringt uns eine fremde Welt ins Heim. Laut- und schwerelos schweben die Fische im Wasser, und die zarten Blätter der Pflanzen bewegen sich sachte in der Strömung. Herrlich ist das, und außerdem ist die Beschäftigung mit der Welt unter Wasser nicht nur beruhigend für die Nerven, sondern auch noch lehrreich.

Wenn es die Räumlichkeiten erlauben, sollte Ihr neues Aquarium nicht zu klein sein, denn bei der großen Auswahl an Fischen, die der Zoofachhandel heute anbietet, hat man ein solches Becken schnell übervölkert.

Doch nicht nur der Aquarianer wird sich an diesem Kleinod erfreuen können – für die ganze Familie ist ein Aquarium eine spannende Sache. Die Kinder werden sich freuen: Das Leben der Fische ist immer wieder spannend, Füttern macht Spaß und das Putzen überläßt man den Eltern.

Welche Arbeit erwartet mich?

Was erwartet den Aquarienfreund, wenn das Aquarium erst einmal aufgebaut ist? Wieviel Zeit und Aufwand beanspruchen die regelmäßigen Reinigungsarbeiten und das Füttern der Fische?

Das Wichtigste: Füttern Sie richtig und regelmäßig, und beobachten Sie dann gemütlich, wie die Fische fressen, danach wieder ihre Reviere besetzen, im Schwarm lebhaft herumschwimmen oder sich gar um die Vermehrung kümmern.

Eine weitere Arbeit, die regelmäßig durchgeführt werden muß, ist der Wasserwechsel. Dieser erfolgt etwa alle drei Wochen, wobei ca. ein Drittel des Aquarienwassers ausgetauscht werden muß. Dabei saugen Sie noch eventuell angefallenen Mulm ab und schaben die Algen von den Scheiben. Bei dieser Gelegenheit überprüfen Sie auch die Pflanzen auf abgestorbene Blätter und kürzen wuchernde Pflanzen zurück oder ersetzen Kümmerlinge. Diese Aktion nimmt etwa eine Stunde in Anspruch.

Routinemäßig prüfen Sie den pH-Wert des Wassers und die Temperatur. Diese Arbeiten lassen sich aber fast nebenher erledigen. Dies gilt auch für die Überprüfung der technischen Geräte wie Filter, Pumpe, Heizung und Beleuchtung.

Ebenfalls regelmäßig muß die Filtermasse gereinigt oder ersetzt werden. Je nach Modell, Filtersystem und Besatz schwankt der Zeitraum für eine anfallende Reinigung von einigen Wochen bis zu Monaten.

Checkliste Kauf

- Kaufen Sie möglichst junge Fische, auch wenn diese noch nicht ihre volle Farbenpracht erreicht haben.
- Achten Sie darauf, daß sich in dem Becken, aus dem das ausgewählte Exemplar herausgefangen werden soll, keine toten oder offensichtlich kranken Fische befinden.
- Schauen Sie sich ihre zukünftigen Fische noch im Becken genau an und achten Sie auf folgende Dinge:

1. Bei einem gesunden Fisch sind die Schuppen vollständig und dicht anliegend. Tiere mit abstehenden Schuppen, Geschwüren, Beulen, weißen Pusteln, Flecken oder offenen Wunden sollte man nicht aus Mitleid kaufen.
2. Alle Flossen sollten unbeschädigt sein und beim Schwimmen eingesetzt werden. Kranke Fische kneifen die Flossen oft ein oder pressen sie eng an den Körper.
3. Herausstehende oder getrübte Augen sind Anzeichen einer Krankheit, ebenso büschelige, weiße Beläge am Maul (Maulschimmel).
4. Gesunde Fische schwimmen zumeist aktiv herum. Hat ein Fisch Gleichgewichtsprobleme oder liegt er nur am Boden bzw. schnappt gar krampfhaft nach Luft, ist er möglicherweise krank (das gilt selbstverständlich nicht für Welse und andere Bodenbewohner oder für Oberflächenfische).

Ein gut eingewachsenes Aquarium im Gleichgewicht kann über Jahre stehen bleiben. Eine komplette Neueinrichtung oder Generalsäuberung ist nur dann angesagt, wenn Sie grundsätzlich etwas ändern wollen.

Kinder und Aquarium

Kinder haben vielerlei Interessen und lernen täglich etwas Neues kennen, das ihrem Lebensweg eine völlig neue Richtung geben kann. Die Beschäftigung mit Freunden, seien es Menschen oder Tiere, ist für sie auf alle Fälle wichtiger als das passive Vor-dem-Fernseher-Sitzen.

Fische sind aber gegenüber dem menschlichen Freund sehr im Nachteil. Sie können nicht reden, sich nicht über falsche Behandlung beschweren und sich nicht wehren wie Säugetiere oder Vögel. Deshalb tragen

Ein Aquarium für Kinder sollte ausschließlich mit robusten und leicht zu pflegenden Arten besetzt werden, etwa Lebendgebärenden Zahnkarpfen.

Aquarianer mit Kindern eine besonders große Verantwortung. Bei kleinen Kindern ist das Wecken der Freude an den bunten Fischen notwendig.

Beobachten von Verhaltensweisen, Geburt oder Jungenaufzucht wird die Kleinen ebenso begeistern wie der Besuch der Zoohandlung. Zur Mithilfe bei Arbeiten am Aquarium fordern Sie kleine Kinder nicht auf, sondern verschieben den Wunsch danach auf einen späteren Zeitpunkt. Trotz der vorwiegend passiven Beschäftigung mit dem Aquarium ist aber der Aufbau der freundschaftlichen Beziehung zum Lebewesen Fisch wichtig.

Bis zur zweiten Grundschulklasse ist der Besitz eines schönen Fisches im Aquarium der Eltern absolut ausreichend! Ab der dritten Klasse sind die Kinder dann alt genug für ein eigenes Aquarium, die Eltern müssen aber noch bei der Reinigung mithelfen und vor allem die Wahl auf pflegeleichte Arten lenken. Ab der sechsten Klasse können die Kinder bereits selbständig lebendgebärende und kleine Buntbarsche züchten und sich mit dem Verkauf von Nachzuchten und wuchernden Pflanzen schon etwas Geld für Neuanschaffungen verdienen oder sich durch Tausch mit anderen Aquarienfreunden interessantere Fische leisten.

Ab 14 entscheidet Ihr Kind dann selbst. Nun wird es Zeit, daß der schon zuchterfahrene junge Aquarianer seine eigenen Vorstellungen in der Wahl von Pflanzen und besonders interessanten, aber auch schwer zu züchtenden Fischen durchsetzt. Damit sollte aber auch das finanzielle Engagement der Eltern aufhören.

Manchen Eltern fällt es zudem schwer, nicht täglich Algen an den Scheiben und Mulm am Boden zu bemängeln, wenn Tanzstunde oder Prüfungsstreß die Aufmerksamkeit des Jungaquarianers voll in Anspruch nehmen. Doch solange die Wasserwerte stimmen, sind die Fische auch mit Mulm und der etwas getrübten Sicht in ihrer guten Stube gut bedient.

Tip!

Versuchen Sie in jedem Fall, Kontakt zu anderen Aquarianern aufzunehmen. Diese wissen oft nicht wohin mit ihren Nachzuchten und wuchernden Pflanzen und helfen Anfängern gerne. Für fast jede Fischgruppe gibt es spezialisierte Vereine, die Ihnen gerne weiterhelfen und auch seltenere Arten besorgen können. Auf Börsen findet man immer wieder Raritäten, die man nur beim Züchter erhalten kann.

Schwarmfische sollte man unbedingt in einer größeren Gruppe halten, da sich die Tiere im Schwarm nicht nur wohler und sicherer fühlen, sondern auch besser zur Geltung kommen.

Was kostet ein Aquarium?

Die Kosten hängen natürlich von vielen Faktoren ab: Wie groß ist das Becken, welche Fische und Pflanzen will ich halten und wie aufwendig ist die Ausstattung mit elektrischem Zubehör. Fische haben unterschiedliche Temperaturansprüche, und neben stark lichtbedürftigen gibt es auch Pflanzen, die mit wenig Licht auskommen. Man kann ungefähr sagen, daß die laufenden Kosten eines 150-Liter-Aquariums für Licht, Heizung, Filterung und Futter bei einem Besatz mit 10 bis 15 Fischen zwischen 30,– DM und 50,– DM pro Monat liegen.

Im Zoofachhandel werden Komplettaquarien mit Heizung, Filter, Beleuchtung und den nötigen Meßgeräten bereits für etwa 450,– DM angeboten; das noch empfehlenswertere Ein-Meter-Aquarium für etwa 550,– DM – Sand für den Boden inbegriffen.

Kostspieliger ist die Beschaffung von Pflanzen und Fischen. Die Preise im Zoofachhandel sind sehr unterschiedlich. Für eine üppige Erstbepflanzung müssen Sie u.U. tief in die Tasche greifen. Wenn Sie aber viel Geduld haben, und den Pflanzen ausreichend Zeit zum Wachsen geben, kommen Sie vielleicht schon mit 50,– DM aus.

Auch die Preise für Fische sind sehr unterschiedlich. Im Zoofachhandel kostet ein Sortiment schöner lebendgebärender Schwertträger, Platies und Guppies ca. 50,– DM bis 100,– DM.

Wie groß soll das Aquarium sein?

Eine Seitenlänge von 80 cm – das entspricht etwa 120 Litern Wasser – sollte ein Aquarium mindestens haben, damit sich ein stabiles System aufbauen kann. Sie können natürlich auch mit einem kleineren Aquarium anfangen, doch bei der technischen Ausrüstung spart man fast gar nichts. Sehr bald wird man sich sowieso ein größeres Aquarium zulegen – oder, eher selten, das Hobby wieder an den Nagel hängen.

Grundsätzlich gilt auch, daß mit zunehmender Größe eines Aquariums der Pflegeaufwand abnimmt. Dies mag zunächst absurd klingen, aber in großen Becken stellt sich viel leichter ein „biologisches Gleichgewicht“ ein als in kleinen Behältern. Das Verhältnis von aufbauenden und abbauenden Prozessen ist also ausgewogen, und in der Folge fällt weniger „Abfall“ an.

Kalt- oder Warmwasserbecken

Eine wichtige Entscheidung, die vorab getroffen werden muß, ist, ob man Kalt- oder Warmwasserfische halten möchte. Anfängern sind in jedem Fall Warmwasseraquarien zu empfehlen, denn für sie gibt es die weitaus größere Auswahl an Fischen, die zudem in aller Regel auch noch sehr viel farbenprächtiger sind als Kaltwasserfische. Außerdem machen Pflege und Wartung von Warmwasseraquarien normalerweise weniger Probleme als die Unterhaltung von Kaltwasserbecken, da es sehr viel leichter ist, ein Aquarium zu heizen, als dafür zu

Tip!

Es gibt eine Faustregel, mit der man ausrechnen kann, wieviele Fische in ein Becken bestimmter Größe eingesetzt werden können, bzw. wie groß ein Aquarium sein muß, damit man seine Wunschzusammenstellung darin unterbringen kann. Nach dieser Regel ist ein Becken nicht zu dicht besetzt, wenn etwa 1 cm Fisch auf zwei bis drei Liter Wasser kommen.

Tip!

Es gibt Plastikaquarien, die zumeist sehr preiswert sind und daher zum schnellen Kauf verführen. Empfehlenswert sind diese Aquarien aber nicht, sondern man sollte sich gleich für ein geklebtes Ganzglasbecken entscheiden, das für die Zierfischhaltung am besten geeignet ist.

sorgen, daß das Wasser in beheizten Räumen kalt bleibt. Für Neueinsteiger wenig empfehlenswert ist aber auch ein Meerwasseraquarium, für das ein noch höherer Aufwand an Technik und auch große Erfahrung nötig ist.

Gesellschafts-, Arten- oder Landschaftsbecken

Ist die Wahl auf ein Warmwasseraquarium gefallen, dann gilt es, noch eine weitere Entscheidung zu treffen, nämlich zwischen Gesellschafts-, Arten- oder Landschaftsbecken. Neulinge entscheiden sich meistens für ein Gesellschaftsbecken, da der Wunsch, möglichst viele der farbenprächtigen Fische zu halten, anfangs sehr groß ist. Im Laufe der Zeit wächst einem dann aber vielleicht eine Art ganz besonders ans Herz, so daß man sich nur noch mit diesen Fischen beschäftigen möchte. Dann wird aus einem Gesellschaftsbecken schnell ein Artenbecken. Dieses hat den Vorteil, daß man das Verhalten der Fische in der Regel sehr viel besser beobachten kann und daß sich die Tiere unter solchen Bedingungen auch leichter vermehren lassen.

Sehr beliebt sind außerdem Landschaftsbecken, in denen verschiedene Zierfischarten aus einem bestimmten Lebensraum, etwa einem Tropenfluß, zusammen gehalten werden. Bei der Einrichtung eines solchen Aquariums versucht man, einen kleinen Abschnitt des ausgewählten Biotops möglichst naturgetreu nachzubilden, einschließlich des richtigen Bodengrundes, der dort vorkommenden Pflanzen und natürlich der entsprechenden Wasserwerte.

Was tun im Urlaub?

Zunächst eine gute Nachricht: Gut genährte Fische halten ohne weiteres drei Wochen ohne Fütterung aus. Sie fressen dann abgestorbene Pflanzenteile und Mikroben vom Sand und den Scheiben.

Wer seine Fische nicht hungern lassen will, der kann Futtertabletten in der geringstmöglichen Dosis bereitstellen und nur jeden zweiten oder dritten Tag füttern lassen. Die beste Lösung ist aber: keine Fütterung durch die Urlaubsvertretung! Eine Woche vor Urlaubsbeginn sollten Sie das Aquarium reinigen, die Fische gut füttern und lediglich einen Aquarianer zu Kontrollgängen verpflichten. Fast alle Katastrophen, die mit dem Verlust des gesamten Bestandes endeten, sind darauf zurückzuführen, daß wohlmeinende Helfer zuviel gefüttert haben oder das Flockenfutter direkt aus der Dose gegeben wurde und der gesamte Inhalt ins Aquarium fiel.

Wer auch immer sich zur Versorgung eines fremden Aquariums überreden läßt, der muß die Adresse des Zoofachhändlers kennen, an den er sich im Notfall wenden und den er um Hilfe bitten kann.
Es versteht sich von selbst, daß Sie vor Urlaubsbeginn keine neuen Fische einsetzen. Alle diese Vorschläge gelten natürlich nicht für empfindliche Fischarten, die nur Lebendfutter fressen, und für Jungfische, die sehr häufig gefüttert werden müssen!

In einem gut eingefahrenen und ausreichend bepflanzten Becken können gesunde, wohl genährte Fische auch schon einmal eine Zeit lang ohne Futter auskommen.

Wichtig!

Achten Sie bei einem Gesellschaftsbecken unbedingt darauf, daß Sie nur Fische vergesellschaften, die gleiche Ansprüche an Temperatur, pH-Wert und Härte haben und die sich außerdem gut miteinander vertragen.

Aquarieneinrichtung und Pflege

Sind die Vorüberlegungen abgeschlossen, dann können Sie jetzt zur Tat schreiten. Lassen Sie sich bei den einzelnen Schritten aber ruhig etwas Zeit, denn je sorgfältiger ein Aquarium geplant und eingerichtet wird, um so weniger Arbeit macht es hinterher.

Das richtige Zubehör

Filter

Was jedes Aquarium zunächst einmal benötigt, ist ein guter Filter, denn bei schlechter Wasserqualität ist keine artgerechte Haltung möglich. Glücklicherweise wird im Zoofachhandel eine Vielzahl von Filtern angeboten, so daß die Reinigung des Aquarienwassers zumeist keine Probleme bereitet.

Die meisten Aquarien werden heute mit *motorbetriebenen Filtern* ausgestattet. Diese sind nicht nur sehr robust und zuverlässig, sondern lassen sich, zusätzlich zur Filterwatte, die dem Zurückhalten von Schmutzpartikeln

Die wichtigste Voraussetzung für gesunde und farbenprächtige Fische ist eine gute Wasserqualität.

dient, auch noch mit anderen Materialien befüllen, etwa mit Aktivkohle zum Entfernen von Giftstoffen. Motorbetriebene Filter kann man entweder als Innenfilter im Becken anbringen oder als Außenfilter neben bzw. unter das Aquarium stellen.

Wer ein größeres Becken einrichten möchte, dem sei ein Außenfilter empfohlen, der zwar zumeist etwas teurer ist, sich dafür aber auch besser handhaben läßt als ein Innenfilter. Außenfilter bestehen in der Regel aus einem Plastiktopf mit Filtermaterial (Keramikröhrchen, Filterwatte, Filterkohle), durch das ein Kreiselpumpenmotor das Aquarienwasser pumpt. Mit Hilfe des Filtermaterials, das man von Zeit zu Zeit reinigen oder erneuern muß, werden einerseits Schmutzpartikel und andere, unerwünschte Substanzen zurückgehalten, außerdem ist der Filter Lebensraum für bestimmte Bakterien (*Nitrosomas* und *Nitrobacter*), die ebenfalls eine wichtige Rollen für die Reinigung des Wassers spielen, denn sie bauen von den Fischen ausgeschiedene, teilweise giftige Stickstoffverbindungen ab und machen sie somit unschädlich. Als Anhaltspunkt für die Leistung eines motorbetriebenen Filters gilt die Faustformel, daß pro Stunde etwa der halbe Beckeninhalt umgewälzt werden sollte.

Eine etwas andere Form der Filterung ist die über einen *Unterbodenfilter*, mit dessen Hilfe das Wasser auf biologische Weise gereinigt wird. Unterbodenfilter bestehen zumeist aus einer perforierten Grundplatte, die auf den Beckenboden gelegt und mit Kies (Korngröße 3–5 mm) bedeckt wird. Mit Hilfe einer Pumpe wird das Wasser dann durch den Bodengrund gesaugt und anschließend über ein Steigrohr an die Wasseroberfläche geleitet (bei der Rückfluß-Unterbodenfilterung wird das Wasser dagegen in einem Rohr nach unten gedrückt und muß anschließend durch den Bodengrund aufsteigen). Die eigentliche Reinigung des Wassers erfolgt in erster Linie durch die bereits erwähnten Bakterien, die sich im Bodengrund ansiedeln und dort einen Großteil der unerwünschten Stickstoffverbindungen abbauen.

Filter und Heizung gehören zu den wichtigsten Zubehörteilen eines Aquariums.

Tip!

Wasserspritzer werden sich kaum vermeiden lassen. Der Boden darf also nicht wasserempfindlich sein, und ein echter Perserteppich ist auch keine geeignete Unterlage für ein Aquarium.

Heizung

Wer sich für ein Warmwasseraquarium entschieden hat, benötigt außerdem eine Heizung, um das Wasser auf der notwendigen Temperatur zu halten. Für diese Zwecke setzt man heute zumeist stabförmige Thermostatheizer ein, um die man sich, nachdem sie einmal auf die richtige Temperatur eingestellt sind, kaum noch kümmern muß, da sie sich bei Absinken der Wassertemperatur automatisch einschalten und nach Erreichen der richtigen Gradzahl auch wieder ausschalten. Es gibt diese Heizer in unterschiedlichen Leistungsstufen (zwischen 50 und 300 Watt), wobei auf den Verpackungen zumeist angegeben ist, für welche Beckengröße (Literzahl) sie geeignet sind. Selbstverständlich können Sie aber auch Heizer unterschiedlicher Leistung kombinieren, um auf die richtige Heizleistung zu kommen.

Als Anhaltspunkt für die Leistung eines Stabheizers gilt die Faustformel 1/3 bis 1/2 Watt pro Liter Wasser, wobei dieser Wert für geheizte Räume ausgelegt ist. Steht das Aquarium in einem ungeheizten Zimmer, muß die Wattzahl erhöht werden.

Üppiges Pflanzenwachstum erhält man nur, wenn eine ausreichende Beleuchtung vorhanden ist.

Eine Alternative sind Heizmatten unter dem Becken oder Heizkabel, die im Kies vergraben werden. Diese Art der Beheizung kommt vor allem vielen tropischen Pflanzen zugute, die „warme Füße“ lieben. Außerdem sorgt das ständig nach oben steigende, warme Wasser für eine verbesserte Zirkulation in Bodennähe, so daß die Wurzeln der Pflanzen besser mit Nährstoffen versorgt werden und Fäulnisbildung verhindert wird. Ein weiterer Vorteil der Heizkabel ist, daß sie zumeist mit Niederspannung betrieben werden (max. 42 Volt), was sie sicherer macht als die mit 230 Volt arbeitenden Stabheizer.

Beleuchtung

In den meisten Aquarien sorgen heute Leuchtstoffröhren, die es in unterschiedlicher Länge und Intensität sowie in verschiedener spektraler Zusammensetzung gibt (etwa als Farbvariante für besseres Pflanzenwachstum), für die richtige Beleuchtung. Der Grund ist, daß sie nicht nur recht günstig in der Unterhaltung sind, sondern außerdem für eine gleichmäßige Ausleuchtung des Beckens sorgen. Die Lampen werden am besten in die gut schließende Aquarienabdeckung integriert, deren Innenseite weiß oder spiegelnd sein sollte, damit möglichst viel Licht reflektiert wird. Sehr bequem ist es, die Beleuchtung durch eine Schaltuhr ein- und ausschalten zu lassen, da die Pflanzen auf diese Weise ausreichend Licht bekommen (bei tropischen Warmwasseraquarien etwa 12 Stunden täglich), ohne daß Sie sich weiter darum kümmern müssen.

Über die Stärke der Leuchtstoffröhren lassen Sie sich am besten von Ihrem Zoofachhändler beraten. Als Anhaltspunkt kann gelten, daß bei Becken von maximal 40 cm Höhe pro 30 cm Länge etwa 20 Watt Leuchtkraft benötigt werden. Berücksichtigen muß man außerdem, daß die Lichtintensität der Röhren im Laufe der Zeit deutlich abnimmt (nach 6 Monaten hat sich die Leistung etwa halbiert). Daher sollten Sie die Röhren spätestens nach einem Jahr erneuern.

Wichtig!

Bringen Sie im Becken auf jeden Fall ein Thermometer an, die es in verschiedenen Ausführungen im Fachhandel gibt, und kontrollieren Sie regelmäßig die Temperatur. Diese Maßnahme schützt Sie vor unliebsamen Überraschungen, wenn der Heizer einmal defekt sein sollte.

Der geeignete Platz

Bevor Sie nun vor lauter Begeisterung ins nächste Zoofachgeschäft stürmen, sollten Sie noch ein paar Überlegungen zum richtigen Standort anstellen.

Um das Algenwachstum kontrollieren zu können, darf das Aquarium nicht zu nah am Fenster stehen, also möglichst wenig natürliches Licht erhalten. Der zukünftige Standort sollte dem Becken natürlich auch genügend Raum bieten, damit Sie es ungehindert von allen Seiten erreichen und betrachten können. Auch den Platz für den Ständer müssen Sie mit einkalkulieren. Auf den Fernseher, den Bücherschrank oder den Schreibtisch sollte man nicht einmal ein kleines Aquarium stellen. Auch der Computer ist am sichersten, wenn er möglichst weit weg von allen Feuchtigkeits- und Wasserquellen steht. Die Gefahr, daß einmal Wasser ausläuft oder verspritzt, ist groß, und bei elektrischen Geräten reicht schon ein Tropfen für den großen Knall – also Vorsicht bei den elektrischen Anschlüssen.

Kleine Kinder basteln gerne an den Filtern und Leitungen herum, deshalb sollte man Filterschläuche und elektrische Leitungen so anbringen, daß sie für Kinderhände unerreichbar sind.

Ein wichtiger Punkt außerdem ist, ob der Boden das Gewicht eines komplett eingerichteten Aquariums überhaupt aushält. In Zweifelsfällen sollten Sie einen Fachmann konsultieren. Wasser, Boden und Einrichtungsgegenstände können zusammen einiges an Gewicht ergeben. Vorsichtshalber können Sie sich bei Ihrer Versicherung nach einer guten Wasserschadensversicherung erkundigen. Besonders bei großen Aquarien empfiehlt sich ein spezieller Schutz gegen Bruch. Zum Schluß möchte ich noch darauf hinweisen, daß im Einzugsbereich der Aquarienpumpen keine Insektizide verspritzt werden dürfen.

Wichtig!

Sorgen Sie unbedingt für wasserdichte Stromanschlüsse, damit es in der feuchten Umgebung nicht zu Unfällen kommt, und bringen Sie die Lampentrafos, die sehr heiß werden, möglichst außerhalb der Abdeckung unter, um einen Hitzestau zwischen Abdeckplatte und Verkleidung zu verhindern. Ist das nicht möglich, müssen Sie unbedingt für eine gute Belüftung sorgen.

Das Aquarium einrichten

Bodengrund und Dekoration

Der Boden gibt den Pflanzen Halt und Wurzelraum, beherbergt Mikroorganismen und ist zudem Teil der Gestaltung. Im Zoofachhandel werden unterschiedliche Substrate angeboten, von feinkörnigem Sand über Kieselsteine unterschiedlicher Körnung und Färbung bis hin zu Lavasplit. Wem dies zu teuer ist, der kann seinen Sand natürlich auch von der nächsten Baustelle beziehen, doch das Angebot des Zoofachhandels ist umfangreicher und sicherer. Sand darf nämlich nicht scharfkantig sein, sonst stoßen sich z.B. die Welse ihre Barteln ab. Kalk darf er auch nicht enthalten, damit Sie ohne Bedenken alle Fische und Pflanzenarten halten können. Verschiedene Sandfarben erleichtern zudem die Gestaltung

Der Bodengrund darf nicht aus zu scharfkantigen Bestandteilen bestehen, da sich die Fische sonst leicht verletzen können.

Soll mit Holz dekoriert werden, verwendet man am besten Wurzeln aus dem Moor (Moorkienholz), die der Zoofachhandel in großer Auswahl anbietet.

Der Dekoration dienende Steine dürfen auf keinen Fall scharfkantig sein, da das Verletzungsrisiko für die Fische sonst zu groß ist.

des Untergrundes durch eine Aufteilung in helle Zonen und Schattenpartien. Auch für gekauften Sand gilt, daß dieser vor Gebrauch noch einmal gründlich gewaschen werden muß, und zwar solange, bis klares Wasser abläuft.

Steine

Lochsteine, Schieferplatten und andere dekorative Steine machen das Aquarium interessant, doch sollen alle diese Steine nicht zu scharfkantig sein, und jeder muß auf seinen Kalkgehalt geprüft werden. Hierzu geben Sie einen Tropfen Salzsäure auf den Stein. Schäumt es, dann ist Kalk enthalten und der Stein eignet sich bestenfalls für ein Becken mit Malawi- und Tanganjikabarschen. Die Säure muß aber unter dem Wasserhahn sorgfältig abgewaschen werden und darf auch nicht ins Auge gelangen.

„Auch wir Fische brauchen Rückzugsmöglichkeiten, beispielsweise dann, wenn uns andere Mitbewohner einmal zu sehr auf den Geist gehen."

Holz

Moorhölzer sind ausgezeichnete Dekorationsmaterialien, die aber das Wasser ansäuern und gelb färben. Es empfiehlt sich, diese Wurzeln zunächst einmal in einem Eimer zu wässern, bis sie sich vollgesaugt haben und den größten Teil der Huminsäure, die für die Färbung verantwortlich ist, abgegeben haben. Färbt sich das Aquarienwasser immer noch gelb, dann kann man es einige Zeit über Aktivkohle filtern.

Wenn Sie selber besonders schöne Wurzeln suchen wollen, dann nehmen Sie nur solche, die bereits im Moorwasser gelegen haben und vollgesaugt sind. Aber auch diese müssen gut abgekocht werden, um das Einschleppen von Pilzen oder gar Krankheitserregern zu verhindern.

Einrichten eines Süßwasser-Gesellschaftsbeckens

Sie brauchen

- Ein Aquarium beliebiger Größe. Im vorliegenden Fall wurde ein Becken von 80 x 45 x 40 cm (Wasserinhalt etwa 120 Liter) zugrunde gelegt. Bei anderen Ausmaßen muß die Leistung des Filters, der Heizung und der Beleuchtung sowie die Zahl der Fische und Pflanzen entsprechend angepaßt werden.
- Einen Innen- oder Außenfilter mit einem Durchsatz von etwa 60 Litern pro Stunde.
- Einen Heizthermostaten mit einer Leistung von etwa 100 Watt, der das Wasser auf einer Temperatur von etwa 25 °C hält.
- Eine Abdeckung mit Leuchtstoffröhren verschiedener Farbspektren, die zusammen eine Leistung von etwa 60 Watt haben.
- Dekorationsmaterial, Pflanzen und Fische.

Gestaltung des Beckens

1. Styroporunterlage in Aquariengröße zurechtschneiden und das Aquarium absolut waagrecht auf seine Unterlage stellen (Wasserwaage!).
2. Bodengrund vorbereiten. Für 3 bis 4 cm Tiefe benötigen Sie etwa 10 bis 15 Liter Aquariensand (Körnung 2–3 mm). Dieser wird in einen Eimer gefüllt und sorgfältig gewaschen, bis das ablaufende Wasser weitgehend klar ist.
3. Sand einfüllen, glätten und eventuell auch schon etwas strukturieren, beispielsweise nach hinten ansteigen lassen.
4. Dekorationssteine und Holz arrangieren. Steine müssen auf Kalkgehalt geprüft und die Hölzer soweit vorgewässert sein, daß sie nicht mehr schwimmen.
5. Aquarium zu etwa einem Drittel mit ungefähr 20 °C warmem Wasser füllen. Der Wasserstrahl sollte auf einen Teller oder eine Styroporplatte geleitet werden, damit der Sand nicht aufgewirbelt wird.
6. Pflanzen einsetzen. Zu lange Wurzeln werden auf ein Drittel eingekürzt.
7. Etwas Mulm aus gesundem Aquarium oder vom Zoofachhändler im Becken verteilen.
8. Becken bis auf 5 cm unter den Rand befüllen und Filter, Heizer, Thermometer sowie Abdeckung mit Beleuchtung anbringen.

Pflanzen für Einsteiger

- Schraubenvallisnerie (*Vallisneria americana*)
- Argentinische Wasserpest (*Egeria densa*)
- Kriechende Ludwigie (*Ludwigia repens*)
- Indischer Wasserfreund (*Hygrophila polysperma*)
- Indische Sternpflanze (*Hygrophila difformis*)
- Gemeines Hornblatt (*Ceratophyllum demersum*)
- Zwergspeerblatt (*Anubias barteri* var. *nana*)
- Brasilianischer Wassernabel (*Hydrocotyle leucocephala*)

Dichtes Pflanzenwachstum ist für das Wohlbefinden vieler Arten sehr wichtig.

Die schnellwüchsige Wasserpest ist am besten für Kaltwasserbecken geeignet, gedeiht bei ausreichend Licht aber auch in wärmerem Wasser.

Pflanzen sichern das Leben

Ein Aquarium mit Fischen und ohne Pflanzen kann man beinahe schon als Tierquälerei betrachten! Ausnahmen sind Becken mit extrem pflanzenfressenden Fischen wie *Distichodus*, *Metynnis* oder *Hypostomus*, aber auch für diese Fischarten finden sich Pflanzenarten, die widerstandsfähig genug sind.

Pflanzen sind eine wichtige Voraussetzung für ein gesundes Aquarium. Sie produzieren mit Hilfe von Lichtenergie und der von den Fischen ausgeatmeten Kohlensäure den lebenswichtigen Sauerstoff und verwenden die Ausscheidungen der Fische als Dünger zum Aufbau ihrer eigenen Substanz. So reinigen gesunde Pflanzen permanent das Wasser. Sie bilden außerdem Verstecke, sind Schattenspender, bieten Ablaichplätze für die Fische und beleben die Szene mit ihren oft bizarr geformten Blättern und den vielfältigen Grüntönen.

Die schönsten Aquarienpflanzen

Die Schraubenvallisnerie läßt über Ausläufer neue Jungpflanzen weit weg von der Mutterpflanze wachsen. Bald ist der Aquarienboden mit Vallisnerien kreuz und quer überzogen und der freie Schwimmraum eingeengt. Kappen Sie die Ausläufer und geben Sie die Pflanzen ab.

Die Wasserpest treibt bei guten Licht- und Düngeverhältnissen enorm, und die unteren Blätter an den Stengeln verfaulen. Kürzen Sie die Stengel ein und pflanzen Sie die etwa 5 cm langen Triebspitzen neu ein. Auch die übriggebliebenen Stengel können Sie dicht an dicht in den Sand pflanzen, dann treiben sie einen dichten Wald, in dem sich Jungfische verbergen und pflanzenfressende Fische an den zarten Blättern knabbern können, ohne daß es ins Gewicht fällt.

Auch die Indische Sternpflanze und der Indische Wasserfreund müssen oft eingekürzt werden, weil die alten Blätter abfallen und die nackten Stengel kein gutes Bild abgeben. Beide Arten kürzen Sie so ein, daß etwa 10 cm nackter Stengel übrigbleibt.

Das Gemeine Hornblatt treibt gewaltig und gedeiht schwimmend auch ohne Verwurzelung im Sand. In seinen fein zerteilten Blättern wachsen gerne Algen. Die algenbewachsenen Partien trennen Sie ab und werfen sie weg. Mit Vorliebe läßt sich das Hornblatt an der Wasseroberfläche unter der Lampe treiben. Dort ist es fehl am Platz, denn erstens veralgen die Blüten leicht und zweitens nehmen sie den Bodenpflanzen das nötige Licht weg. Kappen Sie immer wieder die kräftigen Triebspitzen und pflanzen Sie sie zwischen die Vallisnerien an den Rändern des Aquariums.

Die Ludwigie steht in den Ecken des Aquariums und kontrastiert mit ihren roten Blattunterseiten sehr schön gegen das Hellgrün der Indischen Sternpflanzen. Sie wächst langsam, und die Triebe ziehen sich schwim-

Indische Sternpflanze

Schraubenvallisnerie

Zwergspeerblatt

Wassernabel

Auch die Bepflanzung eines Beckens will gut geplant sein, denn nur so können Farben und Formen miteinander harmonieren.

mend an der Wasseroberfläche entlang. Auch bei ihr kappen wir die Triebe, die unter die Lampe wachsen, und stecken sie zu den Büscheln in den Sand.

Die langsam wachsenden Zwergspeerpflanzen werden auf die Moorkienwurzel gebunden und in den Sand unter dem freien Schwimmraum gepflanzt, wo sie im Laufe der Zeit den ganzen Boden bedecken. Überprüfen Sie aufgebundene Pflanzen regelmäßig auf festen Sitz. und knipsen Sie bealgte Blätter ab. Den Mulm, der sich unter ihren Blättern und unter ihren häufig offen lie-

1 **Schraubenvallisnerie *(Vallisneria americana)***
2 **Gemeines Hornkraut *(Ceratophyllum demersum)***
3 **Indische Sternpflanze *(Hygrophila difformis)***
4 **Kriechende Ludwigie *(Ludwigia repens)***
5 **Argentinische Wasserpest *(Egeria densa)***
6 **Brasilianischer Wassernabel *(Hydrocotyle leucocephala)***
7 **Zwergspeerblatt *(Anubias barteri* var. *nana)***

genden Wurzeln sammelt, saugen Sie immer wieder ab, er gibt aber auch eine gute und geschützte Kinderstube für unsere Fische, die dort mundgerechte kleine Futtertiere finden.

Der Brasilianische Wassernabel wächst gerne aus dem Becken heraus und hängt dann als schöne Girlande vor den Aquarienscheiben. Sie können aber Seitenzweige abzwicken und direkt hinter der Frontscheibe hochwachsen lassen. Mit den zarten Stengeln und den hellgrünen Blattscheiben erzeugt er eine schöne Tiefenwirkung in unserer Aquarienkomposition aus Steinen, Moorkienhölzern und verschieden geformten und verschiedenfarbigen Pflanzen.

Fische kaufen und einsetzen

Ein bis zwei Tage nach der Einrichtung und Bepflanzung des Aquariums hat sich die Situation soweit stabilisiert, daß Sie die ersten Fische einsetzen können. In Gegenden, in denen dem Wasser Chlor zugesetzt wird, können Sie noch zusätzlich ein Wasseraufbereitungsmittel hinzufügen.

Putzer, Schnecken & Co.
Als erste Bewohner für das nun bezugsfertige Aquarium schlage ich eine Putzerkolonne vor. Dies sind Tiere, die sich von Algen und abgestorbenen Pflanzenteilen ernähren.

Viele halten Schnecken hierfür geeignet. Sie vermehren sich jedoch manchmal explosionsartig und sind dann nur schwer wieder aus dem Aquarium zu entfernen. Außerdem gibt es Schneckenarten, die im Alter zu unersättlichen Pflanzenfressern werden.

Das trifft übrigens auch auf einige beliebte Putzerfische zu. Die Saugschmerle *(Gyrinocheilus aymonieri)* und neuerdings auch erwachsene Harnischwelse *(Ancistrus)* aus

Saugwelse (Otocinclus) fressen hauptsächlich kurze Algenrasen ab, während sie die lästigen langfädigen Algen verschmähen.

Apfelschnecken können bis zur Größe eines Tischtennisballes heranwachsen.

Zuchtbeständen ziehen oft schöne Aquarienpflanzen dem mühsamen Abraspeln der Algen vor.

Der Erstbesatz

Eine bewährte Putzerkolonne sind Apfelschnecken, Saugwelse, kleine Harnischwelse, Schwertträger und Black Mollies. Der Zoofachhändler verpackt diese in Plastiktüten, die Sie in Zeitungspapier wickeln und umgehend nach Hause bringen. Die Tüten legen Sie auf das Wasser ins Aquarium und warten, bis sie die Aquarientemperatur annehmen. Nach etwa 20 Minuten ist es soweit. Schütten Sie nun einen Teil des Transportwassers weg und füllen Sie langsam mit Aquarienwasser auf. Dies wird noch einige Male im Abstand von 10 bis 15 Minuten wiederholt, erst dann dürfen die Fische aus der Tüte in die neue Umgebung hinüberschwimmen. Die Putzerkolonne muß nicht zusätzlich gefüttert werden, denn als Pflanzenfresser finden sie genügend Nahrung an Algen und Mikroben, die sich an den Pflanzen angesiedelt haben.

Schnecken, Fische und Bakterien als wichtige Helfer

Wer noch gelernt hat, daß Schnecken im Aquarium wichtige Helfer gegen Futterreste und Algen sind, ist zwar richtig informiert, aber nicht gut beraten. Heute verläßt man sich eher auf die Arbeit der Fische. Trotz der Nachteile, finden Sie in der nebenstehenden Auflistung die wichtigsten Schneckenarten im Überblick.

Heute legt man mehr Wert auf die algenfressenden Fische. Aber auch hier wurden früher Fische empfohlen, zu denen man heute nicht mehr uneingeschränkt raten kann: Saugschmerlen *(Gyrinocheilus aymonieri)* werden mit der Zeit faul; der Blaue Antennenwels *(Ancistrus dolichopterus)* frißt bisweilen teure Pflanzen; *Hypostomus*-Arten fressen alle Pflanzen.

Eine große Rolle in der Wasserhygiene spielen aber die im Boden und im Mulm beheimateten Bakterien und viele Mikroorganismen, die an den Scheiben, den dekorativen Steinen und an den Hölzern leben. Sie ernähren sich von den Ausscheidungen der Fische, bauen sie ab, mineralisieren sie oder verwandeln sie in natürliche Düngemittel für unsere Aquarienpflanzen. Besonders wichtig sind die Bakterien der Gattung *Nitrosomas*, die Ammoniumionen in Nitrit verwandeln, und die Bakterien der Gattung *Nitrobacter*, die das giftige Nitrit in das Düngemittel Nitrat oxidieren. Werden diese Mikroben mit chemischen Mitteln abgetötet oder deren Lebensräume durch allzugroße Reinlichkeit zerstört, dann wird aus unserem schönen Aquarium bald ein Problemfall. Um dem vorzubeugen, sollten Sie auf die Generalreinigung des Aquariums verzichten und Mulm nicht mit absaugen, wenn der Filterinhalt gewechselt wird.

Die ersten Fische

Nun heißt es warten – warten – warten, bis sich ein biologisches Gleichgewicht Pflanzen – Bodengrund – Wasser und Lebewesen eingespielt hat. Wenn die Pflanzen gedeihen, alle unsere Fische munter herumschwimmen und die ersten Grünalgen an den Scheiben wachsen, kann darüber nachgedacht werden, mit welchen Fischen das neue Aquarium endgültig besetzt werden soll. Gespräche mit Aquarienfreunden und dem Zoofachhändler haben Ihr Wissen um das neue Hobby mittlerweile gewaltig vertieft. Sie wissen bereits, daß nicht nur das farbliche Zusammenspiel der Fische, sondern auch deren Ansprüche berücksichtigt werden müssen.

Die wichtigsten Schneckenarten

Apfelschnecke *(Ampullaria)*
Schlammschnecke *(Lymnaea)*, frißt Pflanzen.
Posthornschnecke *(Planorbis)*, frißt zarte Pflanzen.
Turmdeckelschnecke *(Melanoides tuberculata)*, vermehrt sich explosiv.

Der Schönflossenbärbling (Rasbora kalochroma) ist ein aktiver, friedlicher Fisch, der sich auch für Gesellschaftsbecken eignet.

Nur wer seine Fische artgerecht und nicht zu üppig ernährt, kann sich jahrelang an ihnen erfreuen.

Die richtige Fütterung

Abwechslungsreiche Kost

Richtige Ernährung bedeutet in erster Linie eine reichhaltige Futterpalette, deren Erwerb hohe Anforderungen an den Fisch stellt. Eines seiner Lebensinhalt ist der Erwerb des Futters. Er ist darauf angelegt, seine Nahrung zu suchen, zu finden, zu verfolgen und schließlich zu fressen. Das Erfolgserlebnis können Sie ihm bereiten, wenn Sie immer wieder Lebendfutter – Weiße Mückenlarven und Wasserflöhe – vorsetzen, die er in Konkurrenz mit den anderen Fischen verfolgen und als Sieger dann verschlucken kann. Auch das Flockenfutter, die wohl häufigste und sicherste Futterart, geben Sie ihm so, daß sein Suchverhalten belohnt und sein Jagdtrieb befriedigt wird. So zahlreich die Fischarten sind, so vielfältig sind auch ihre Ansprüche an das richtige Futter. Viele fressen Algen und Pflanzen, andere Würmer, Schnecken, Wasserflöhe und Fliegen. Gottseidank gibt es genügend Literatur, der man die richtige Futterzusammensetzung für die unterschiedlichen Arten entnehmen kann.

Tip!

Es ist nicht ratsam, die verschiedenen, im Zoofachhandel erhältlichen Futterarten zu vermischen, weil sich die Fische sonst häufig nur das heraussuchen, was sie besonders gern mögen. Dadurch wird die Ernährung einseitig, und die Tiere bekommen nicht alle Nährstoffe, die sie benötigen. Daher sollten Sie die einzelnen Futtersorten lieber abwechseln.

Flockenfutter

Die meisten im Zoofachhandel angebotenen Zierfische stammen aus Züchtereien in Südost-Asien oder sind in Europa gezüchtete Tiere. Sie sind schon von Jugend an an Einheitsfutter gewöhnt, das dem käuflichen Flockenfutter ähnelt. Deshalb gewöhnen sie sich rasch an die von uns verabreichten Flockenfuttersorten. Im Zoofachhandel ist einwandfreies Flocken- und Tablettenfutter erhältlich, mit dem die meisten unserer Zierfische gut gedeihen. Hier können Sie auch für Ihre Futterspezialisten tierisches Futter tiefgefroren erwerben, das noch weitgehend die Qualität von Lebendfutter besitzt, wenn es richtig gelagert wurde.

Lebendfutter

Früher fingen viele Aquarianer ihr Lebendfutter in Tümpeln und Teichen. Heute haben die Pestizide, die in der Landwirtschaft verwendet werden, den größten Teil der Futtertiere ausgerottet. Was noch übrig ist, steht unter Natur- oder Artenschutz und darf nicht gefangen werden. Ein wichtiger Bereich des Naturerlebens ist durch die schleichende Vergiftung der Umwelt für unsere Kinder verlorengegangen und lebt für uns Ältere nur noch in der Erinnerung.

Futterplan

- Morgens vor dem Frühstück eine kleine Prise Flockenfutter ins wenig bewegte Wasser geben, die Fische schlafen ohne direkte Beleuchtung noch halb.
- Mittags Flockenfutter in den Strahl des Filters geben. Soviel, daß auch für die Bodenfläche etwas absinkt.
- Abends die ausgiebigste Fütterung, möglichst auch mit tiefgefrorenen roten Mückenlarven – nicht zuviel, aber darauf achten, daß auch die Bodenfische genug davon abbekommen. Kurz bevor das Licht ausgeht Futtertabletten für die Welse und die Bodenfische einwerfen und vor den Verstecken plazieren. Hat man außer *Ancistrus* keine anderen nächtlich aktiven Welse, dann braucht man keine Futtertabletten, denn die Antennenwelse sollen Algen fressen und die Schnecken wollen wir nicht mästen.

Wasserflöhe sind für viele Fischarten eine beliebte Beikost.

Tiefgefrorene Futtertiere werden von fast allen Zierfischen gern gefressen. Die wichtigsten sind Wasserflöhe, Tubifex und Mückenlarven.

Artgerechte Ernährung

Der gut informierte Tierliebhaber wird versuchen, seinen Pfleglingen ein möglichst artgerechtes Leben in einer Umgebung zu bieten, auf die sie von den Ansprüchen her eingestellt sind. Dazu gehört auch der Rhythmus des Futterangebots. Morgens bekommen die Fische eine kleine Menge Flockenfutter – auf keinen Fall darf mehr gegeben werden als sofort gefressen werden kann. Mittags sind sie schon wach und lebhaft und schwimmen sofort an die übliche Futterstelle, sobald Sie sich dem Aquarium nähern. Jetzt streuen Sie wenig Flockenfutter in den Filterauslauf. Das ganze Becken kommt nun in Bewegung! Die Schwarmfische sausen wie wild umher und schnappen soviel sie können. An den strömungsarmen Bereichen sinken die Flocken zu Boden und werden von den Bodenfischen und den Welsen verzehrt. Auch jetzt füttern Sie nur so lange, bis die Schwarmfische nicht mehr an den Futterplatz zurückkehren.

Gegen Abend folgt dann die Hauptmahlzeit aus dem Tiefkühlfach: Rote Mückenlarven. Über die Art der Darreichung streiten sich die Experten. Die gefrorenen Futtertiere sind wie Schokolade in Platten gepreßt. Wirft man ein Einzelstück ins Wasser, dann schwimmt es obenauf, die Futtertiere tauen auf und sinken langsam zum Boden. Die gierigen Fische stürzen sich wie wild darauf, so daß es passieren kann, daß noch gefrorene Teile verschluckt werden. Manche Aquarianer tauen deshalb das Futter auf, schütten das Tauwasser ab und verfüttern erst dann die Mückenlarven. Mir sind jedoch keine Schäden nach der Direktfütterung mit eingefrorenen Futtertieren bekannt, aber es ist schon vorstellbar, daß ein großer eisiger Happen Verdauungsschwierigkeiten verursachen könnte. Langsames Auftauen des gefrosteten Futters ist aber mit Sicherheit gefährlich. Sobald der Brocken schmilzt und warm wird, vermehren sich die Bakterien in der Eiweiß-Soße schlagartig. Daß sich darunter nicht nur harmlose Mikroben befinden, darf als gesichert gelten.

Tip!

Achten Sie darauf, daß keine großen schwarzen Larven übrigbleiben, denn aus ihren Puppen schlüpfen die unbeliebten Stechmücken!

Sonderfall: Nachtschwärmer

Kurz vor dem Erlöschen der Beleuchtung wird noch das Futter für die nachtaktiven Welse deponiert. Jeder bekommt seine Futtertablette vor den Schlupfwinkel gelegt und als Leckerbissen noch eine Gurkenscheibe aus dem Reformhaus oder Bioladen. Warum nicht aus dem Supermarkt? Fische sind extrem empfindlich gegen Pestizide, seien es Pflanzenschutzmittel oder Insektizide. Einigermaßen sicher über die schädlichen Rückstände kann man nur bei Eigenanbau und bei garantiert pestizidfreier Herkunft sein. Die Flockenfutter aus den Fabriken stammen übrigens aus schadstoffreien Rohstoffen.

Kraftfutter nicht für alle Tage!

Von ihrem Lieblingsfutter fressen manche Fischarten bis sie buchstäblich platzen. Wenn Sie viel hochwertiges Futter wie Rote Mückenlarven, Weiße Mückenlarven und Tubifex lebend verfüttern wollen, dann geben Sie den Tieren vorher zarte Haferflocken als Stopfmittel, so daß sie sich nicht an dem guten Futter überfressen. Skalare sind bei der gelegentlichen Verfütterung von lebenden Roten, Weißen und Schwarzen Mückenlarven besonders gefährdet!

Tubifex und Rote Mückenlarven kann man täglich füttern, sie ergänzen das Flockenfutter. Weiße Mückenlarven sind ein Kraftfutter, wenn Fische zur Zucht vorbereitet werden sollen. Schwarze Mückenlarven gibt man nur, wenn der Laichvorgang ausgelöst werden soll, dann sind lebendige Larven noch besser. Die Erklärung ist, daß Fische in den Tropen vorwiegend in der Regenzeit laichen, wenn große Flächen überschwemmt sind und Moskitos in riesigen Schwärmen über den Sümpfen summen und in der nährstoffreichen Brühe die Moskitolarven schnell heranwachsen und für die laichenden Fische ein vorzügliches Futter abgeben. Auch für Jungfische ist dann eine gute Zeit, denn die Stechmückenlarven sind in allen Größen präsent, und auch der kleinste Jungfisch findet noch einen mundgerechten Bissen.

Wichtig!

Im Idealfall füttert man Fische nicht nur einmal am Tag, sondern verteilt die Futtergaben über den Tag, da diese Form der Fütterung den natürlichen Lebensbedingungen der Fische, die sich ja in der Natur fast ständig auf Futtersuche befinden, am nächsten kommt.

„Wir fressen zwar schrecklich gern, aber zuviel des Guten ist auch für uns nicht gesund.“

Wichtig!

Ziehen Sie sämtliche Netzstecker, wenn Sie am Aquarium Arbeiten verrichten – vor allem wenn Kinder bei der Arbeit helfen.

Sauberkeit und Pflege

Wasserwechsel ist wichtig

Trotz der Pflanzen, und auch wenn das Becken nicht mit Fischen überbelegt ist, sammeln sich im Lauf der Zeit Schadstoffe an, die nicht abgebaut werden können. Erstaunlich ist auch, wieviel Mulm sich trotz des Filters zwischen den Pflanzenwurzeln und in stillen Ecken angesammelt hat. Diese Stoffe können sich leicht, vor allem wenn Sie einmal wenig Zeit für Ihr Aquarium haben, in Nährböden für Schmieralgen, Pilze und schädliche Mikroben verwandeln. Es hat sich herausgestellt, daß der Wechsel von einem Drittel der Wassermenge alle drei Wochen genügt, um ein sicheres Leben im Aquarium zu gewährleisten. Bei diesem Wasserwechsel darf aber der Filterinhalt nicht ausgewechselt werden, damit genügend nützliche Bakterien im Aquarium verbleiben und weiter für ein gesundes Milieu tätig sind.

Ist Leitungswasser geeignet?

Sie können davon ausgehen, daß unser Leitungswasser für Süßwasserfische geeignet ist. Es fehlen zwar einige Metallionen und Beimengungen von Chemikalien sind nicht gut oder sogar schädlich für die zarten Kiemen der

Pflegeplan

Täglich

- Überprüfen, ob alle Fische vorhanden sind und ob sie Anzeichen einer Krankheit zeigen
- Überprüfen der Wassertemperatur
- Überprüfen, ob der Filter arbeitet

Regelmäßig bei Bedarf

- Wasser nachfüllen
- Etwa ein Drittel des Aquarienwassers austauschen (ungefähr alle drei Wochen)
- Filter reinigen (nicht gleichzeitig mit dem Wasserwechsel)
- Abgestorbene Pflanzenteile entfernen, Pflanzen zurückschneiden und die Stecklinge neu einsetzen
- Algen von Deck-, Front- und Seitenscheiben entfernen
- Mulm und andere Abfälle vom Boden absaugen
- Bei Aquarien mit Unterbodenfilter den Bodengrund ein wenig auflockern
- pH-Wert überprüfen (vor allem wenn gezüchtet werden soll)
- Leuchtstoffröhren durch neue ersetzen

Fische, z.B. das Chlor. Doch hierfür hält der Zoofachhandel Hilfsmittel bereit, welche die Schadstoffe unschädlich machen und die fehlenden Nährstoffe für die Aquarienpflanzen enthalten. Je nach Gegend, in der Sie leben, fällt der Härtegrad des Wassers etwas unterschiedlich aus. Die meisten Fische können sich an verschiedene Härtegrade von 2 °dGH bis 20 °dGH anpassen, auch an Temperaturen von 18 bis 28 °C und an Säuregrade von pH 6 bis pH 8. Weichen die Werte aber zu sehr von ihren Präferenzen ab, dann fühlen sie sich nicht wohl! Sie paaren sich nicht, sie laichen nicht, die Eier sterben ab, oder die Jungfische entwickeln sich nicht richtig. Test-Sets zur Ermittlung der wichtigsten Werte erhalten Sie im Zoofachhandel. Über den Härtegrad Ihres Wassers geben auch die Stadtwerke gerne Auskunft.

Wie oft muß ich das Wasser wechseln?

Während bei Aquarianern Einigkeit besteht, daß das Aquarienwasser regelmäßig zu einem Drittel ausgetauscht werden muß, sind Experten über die zeitlichen Abstände unterschiedlicher Auffassung. Sicher ist, daß stark besetzte Aquarien und Jungfischzuchten sehr viel häufiger frisches Wasser benötigen als ein Bestand, der schon jahrelang das Aquarium bevölkert. Weit gehen die Ansichten darüber auseinander, ob man Wasser aus dem Boiler überhaupt benützen darf und ob dieses Wasser angewärmt sein muß oder ob man es leitungskalt zuführen kann. Bei eingewöhnten Fischen ergänze ich das Wasserdrittel mit normalem Wasser aus der Leitung. Bei neuen Fischen würde ich dieses nicht wagen, sondern nur temperiertes Wasser mit maximal 2 °C Unterschied zuführen. Idealerweise kommt das Wasser nicht frisch aus der Leitung, sondern ist wenigstens einige Stunden abgestanden.

Mit Hilfe eines 10-Liter-Eimers, eines etwa zwei Meter langen Schlauchs und einer Gießkanne läßt sich der Wasserwechsel problemlos bewerkstelligen. Der

Wichtig!

Wenden Sie nie Putzmittel im Aquarium an, und benutzen Sie beim Wasserwechsel keine Eimer oder andere Behälter, die zuvor mit Reinigungsmitteln, gleich welcher Art, in Berührung gekommen sind.

Der teilweise Wasserwechsel gehört zu den wichtigsten regelmäßigen Pflegemaßnahmen eines Aquariums.

Schlauch wird an der Leitung mit Wasser gefüllt. Beide Enden des Schlauches werden mit dem Daumen verschlossen und ins Aquarium bzw. in den Eimer gehängt. Der Eimer muß dabei tiefer stehen als das Aquarium. Vorsicht: Der Eimer ist schnell gefüllt, und wenn man nicht aufpaßt, hat man die schönste Überschwemmung im Zimmer. Das abgesaugte Wasser kann man gut zum Pflanzengießen verwenden. Zum Auffüllen nimmt man eine Gießkanne mit einem Gießaufsatz. So trifft der Wasserstrahl nicht zu hart auf den Boden und richtet keinen Schaden an. Manche Fische mögen aber einen starken und kalten Strahl und schwimmen ihn immer wieder an, auch wenn sie weggeschwemmt werden. Diesen Spaß genehmige ich meinen Fischen gerne als Abwechslung.

Mulm absaugen

Neben dem regelmäßigen Wasserwechsel fallen in unterschiedlichen Zeitabständen auch Reinigungsarbeiten an. Zum Absaugen von Mulm können Sie einfach einen langen Schlauch verwenden, der aber einen ausreichend großen Durchmesser haben muß, da Pflanzenteile oder leere Schneckengehäuse den Schlauch verstopfen können. Sie verfahren hiermit, wie oben beschrieben. Im Fachhandel erhältlich sind auch spezielle Mulmsauger, die an die Umwälzpumpe angeschlossen

Wenn es lebendigen „Putzkolonnen“ nicht gelingt, alle Algen zu entfernen, muß man zusätzlich einen Scheibenreiniger verwenden, der im Zoofachhandel erhältlich ist.

werden. Mit Hilfe dieser Sauger kann Mulm auch entfernt werden, ohne Wasser abzulassen.

Algen an den Scheiben

Algen werden bei Bedarf mit dem Scheibenreiniger beseitigt, der aus einem Rasiermesser an einem langen Stiel besteht. Sie müssen aber sehr darauf achten, daß nicht versehentlich Sandkörner mit heraufgezogen werden und die Scheiben zerkratzen. Am besten bearbeiten Sie die Scheibenalgen kurz vor dem Wasserwechsel, den Sie ja alle drei Wochen durchführen. Dann können Sie die abgekratzten Algen gleich mit dem Mulm und dem Drittel des Aquarienwassers, das bei dieser Aktion ausgetauscht wird, absaugen.

Es versteht sich von selbst, daß Aquarienscheiben auch von außen gereinigt werden müssen. Wassertropfen, Fingerabdrücke oder die Spuren von Nasen der neugierigen Besucher sind kaum zu vermeiden. Verwenden Sie aber kein chemisches oder parfümiertes Mittel, sondern nur Wasser, dem eventuell ein wenig Brennspiritus beigemengt ist und reiben Sie den Schmutz mit einem Küchentuch mit wenig Druck vorsichtig weg. Genauso verfahren Sie mit Deckscheiben und Beleuchtung. Hier müssen Sie wegen der Kalkablagerungen Essig oder Zitronensaft zu Hilfe nehmen.

Filterreinigung

Ob Innenfilter oder Außenfilter, die Reinigung ist einfach: Stecker ziehen, Filterbehälter öffnen, Filtersatz entnehmen und unter fließendem Wasser auskneten, bis kein Dreck mehr kommt. Dann wieder einsetzen, den Filter ggf. auffüllen und Strom einschalten.

Auch hier dürfen auf gar keinen Fall Reinigungsmittel verwendet werden. Die in der Filtersubstanz sitzenden Mikroben sind wertvolle Helfer für ein gesundes Aquarienwasser. Der Filter sollte nicht gleichzeitig mit dem Wasserwechsel gereinigt werden. Es empfiehlt sich, ca. zwei Wochen zu warten.

Wichtig!

Ein geschlossener Durchlauffilter darf nie länger stehen bleiben und dann ohne Reinigung wieder angeschaltet werden. Bereits wenige Stunden reichen aus, um in der nun sauerstoffarmen Umgebung Gärungen oder andere Vorgänge in Gang zu bringen, bei denen Giftstoffe entstehen, die dann ins Aquarium gespült werden.

Viele Zierfischen betreiben eine aufopferungsvolle Brutpflege, so auch diese Skalare, die ihr Gelege bewachen, das auf dem Blatt einer Wasserpflanze abgelegt wurde.

Fische züchten

Strategien zur Arterhaltung

So wie sich die Fische in Jahrmillionen in Form und Verhalten an die verschiedenen Biotope angepaßt haben, so haben sie auch Fortpflanzungsstrategien entwickelt, die das Überleben der Arten sicherten. Zahlreiche Schwarmfische laichen in großen Schwärmen und überlassen die Eier dem Zufall. Bei den Millionen Eiern bleiben immer genügend junge Fische übrig, um den Fortbestand der Art zu sichern. Andere Laicher verstecken ihre Eier und überlassen sie ihrem Schicksal; wieder andere bewachen die Gelege bis zum Schlupf der Nachkommen.

Je sicherer das Überleben der Jungtiere ist, desto weniger Eier werden gelegt. Nach dem Schlupf sorgen vor allem bei den Buntbarschen die Eltern für die Jungfische. Bei der Mutterfamilie ist der Vater überflüssig für die Aufzucht, bei der Vaterfamilie ist die Mutter freigestellt und wird bei manchen Arten sogar vertrieben, bei der Elternfamilie sind beide Partner mit der Bewachung des Nachwuchses beschäftigt. Die Maulbrüter gehen sogar noch einen Schritt weiter: die befruchteten Eier werden bis zum Schlupf im Maul getragen und immer mit frischem Wasser versorgt. Bei manchen Arten finden die Jungfische noch Zuflucht im Maul des Elterntieres, bis der Schwarm zu groß wird und die Mundhöhle das Gewimmel nicht mehr fassen kann. Manche Fischarten, so der Diskus und bestimmte indische Welse, ernähren ihre Jungen mit einem Hautsekret, das von den Eltern abgeschieden wird.

Lebendgebärende Zahnkarpfen bringen sogar lebende Junge zur Welt und sorgen so für die größtmögliche Sicherheit für ihren Nachwuchs. Für den Anfänger in der Aquaristik sind die Lebendgebärenden wegen ihrer Robustheit und der Fruchtbarkeit besonders dankbare Pfleglinge.

Freilaicher
Das einfachste Verfahren, für ausreichend Nachwuchs zu sorgen, zeigen viele Barben, Bärblinge und Salmler. Sie sammeln sich in einer günstigen Jahreszeit in großen Schwärmen und legen ihre Eier über einem geeigneten Substrat ab. Mit der Auswahl eines Laichplatzes, der den schlüpfenden Jungen genügend Futter bietet, ist die elterliche Vorsorge schon beendet. Zahlreiche Freßfeinde warten bereits auf die schmackhaften Eier und Jungfische. Bei nicht wenigen Arten machen sich sogar die Mütter selbst über ihren eigenen Nachwuchs her. Die Freilaicher, so nennt man diese Fischarten, produzieren aber so viele Eier, daß die Verluste durch die große Zahl der Überlebenden ausgeglichen werden. Die Schwärme der Elterntiere ziehen nach dem Massenablaichen in andere Regionen, wo sich die großen Gruppen wieder in kleinere Einheiten aufteilen.

Substratlaicher
Eine weitverbreitete Sicherung ist das Ankleben der Eier an ein Substrat. Dies kann soweit gehen, daß die Eier in feinste Spalten katapultiert oder in unzugänglichen Röhren versteckt werden. Bei dieser Art der Reproduktion werden bereits sehr viel weniger Eier gelegt, da jetzt nichts mehr durch Strömungen verdriftet werden kann, wo entweder die Wasserbeschaffenheit oder Räuber alles vernichten könnten.

Brutpflege
Bei einer noch weiter entwickelten Variante der Substratlaicher bewachen Mutter oder Vater oder gar beide Eltern das Gelege bis zum Schlupf und sorgen oft noch durch Wedeln mit den Brustflossen für immer wieder frisches Wasser, das die Entwicklung der Jungfische begünstigt.

Voller Einsatz der Eltern
Noch weiter gehen die Arten, bei denen Mutter oder Vater die Eier bewachen, immer wieder Frischwasser zufächeln und nach dem Schlupf die Jungen an gute Freßplätze führen und dafür sorgen, daß keine Freßfeinde die Jungenschar vermindern. Wenn das Weibchen pflegt, handelt es sich um eine Mutterfamilie, betreut der Vater, dann nennt man das Vaterfamilie. Sind beide Eltern bei der Brutpflege tätig, handelt es sich um eine Elternfamilie.

Wichtige Wasserwerte

pH-Wert
Der pH-Wert gibt den Säuregrad des Wassers an. Dabei ist:
- pH 0 bis 5 extrem sauer; fischfeindlich.
- pH 5 bis 6 sehr sauer; vertragen auf Dauer nur wenige Fische.
- pH 6 bis 6,5 sauer; Fische aus tropischen Schwarzwasserbächen.
- pH 6,5 bis 7,5 (bei pH 7 ist das Wasser neutral); Zuchtfische.
- pH 7,5 bis 8,5 alkalisch; Lebendgebärende Zahnkarpfen, Fische aus dem Malawi- und dem Tanganjikasee.
- pH 8,5 bis 14 extrem alkalisch; fischfeindlich.

Härtegrad
- weich: 0 bis 7° dGH (= deutsche Gesamthärte); tropische Schwarzwasserfische.
- mittel: 8 bis 14° dGH; viele gezüchtete Fische.
- hart: 14 bis 21° dGH; Lebendgebärende Zahnkarpfen.
- sehr hart: über 21°dGH; Fische aus dem Malawi- und Tanganjikasee.

Nitrit
Für alle Fische gefährlich, schon in niedrigen Konzentrationen tödlich.

Nitrat
Guter Dünger für Pflanzen, für Fische wachstumshemmend, setzt Aktivität herab. Kann sich in Nitrit zurückverwandeln und dann tödlich für die ganze Aquarienbesatzung sein!

Guppys gehören zu den Zierfischen, deren Zucht auch Anfängern keine Schwierigkeit bereitet.

Maulbrüter

Extrem entwickelt ist die Vorsorge bei den Maulbrütern. Die bei der Balz gelegten Eier werden von einem Partner ins Maul genommen, wieder umgeschichtet und von Frischwasser durchspült. Selbst die geschlüpften Larven bleiben bis zum Aufzehren des Dottersacks im Maul des Elterntieres und werden dann an Futterstellen gebracht und bewacht. Bei Gefahr suchen die Jungen sofort Zuflucht im elterlichen Maul. Beendet wird die Fürsorge erst, wenn die Jungen so groß sind, daß sie nicht mehr ins Maul des Elterntiers passen. Im allgemeinen trägt die Mutter die Eier und der Vater hält Wache, aber auch Vater- und Elternfamilien sind bekannt. Vor allem bei den Buntbarschen und den Labyrinthfischen trifft man auf Maulbrüter.

Nestbauer

Stichlinge bauen ein Nest aus Pflanzenfasern. Anschließend lockt das Männchen das Weibchen durch das Gehäuse. Dann lockt das Männchen ein Weibchen in diese Röhre, das dort seine Eier ablegt, die dann vom Männchen besamt werden. Diese streifen die Eier ab und das Männchen besamt sie. Nach dem Ablaichen werden die Weibchen vertrieben, da sie Laichräuber sind und sogar eigene Junge auffressen. Den Fischen aus der Familie der Labyrinthfische genügen natürliche Verstecke für ihre Brut ebenfalls nicht. Viele bauen ein Nest aus Pflanzenteilen oder aus Schaumblasen, das die Männchen bewachen. Zur Schlupfhilfe werden die Eier herausgenommen und durchgeknetet. Wenn die Jungen das Nest zu früh verlassen, werden sie wieder eingefangen, im Maul zurückgetragen und in das Schaumnest gespuckt.

Lebendgebärende

Die große Gruppe der lebendgebärenden Fische sichert ihren Nachwuchs völlig anders. Während bei allen anderen Fischarten Eier und Samen ins freie Wasser abgegeben werden und die Befruchtung außerhalb der Elternkörper stattfindet, werden bei den Lebendgebärenden die Samen mit einem Befruchtungsorgan, dem Gonopodium, einer Umbildung der Afterflosse des Männchens, in den Körper des Weibchens eingebracht. Das Weibchen wird trächtig, die Eier wachsen in ihrem Körper zu vollentwickelten Jungtieren heran und werden dann geboren. Die Weibchen sind sogar in der Lage, den Geburtsvorgang in ungünstigen Streßsituationen, bei Nahrungsmangel oder ungeeigneten Wasserverhältnissen lange zu verzögern.

Der Segelkärpfling (Poecilia velifera) gehört zu den Lebendgebärenden Zahnkarpfen, deren Zucht nicht ganz so einfach ist.

Voraussetzungen für die Zucht

Die Zucht im Aquarium ist bei den einzelnen Arten unterschiedlich schwierig. Einige stellen hohe Ansprüche an die Wasserqualität und die Umgebung und sind oft auch noch sehr anspruchsvoll bei der Wahl des Partners. Andere, etwa die Lebendgebärenden Zahnkarpfen, pflanzen sich in fast jedem Becken fort. Ideal ist allerdings ein dicht bepflanztes Aquarium, in das geeignete Paare eingesetzt werden. Diese sind bei Lebendgebärenden meist schon an der Farbe zu erkennen und die oft kleineren Männchen besitzen ein Gonopodium (s. o.). Als Jungtiere ähneln sich Männchen und Weibchen sehr oft, erst später bildet sich die Afterflosse um, und bei den Männchen werden die Flossen größer und farbiger als bei den Weibchen.

Ein dunkler Trächtigkeitsfleck zeigt an, daß die Befruchtung erfolgreich war. Die hochträchtigen Weibchen isolieren sich und bekommen ihre Jungen im dichter bepflanzten Bereich des Aquariums. Doch die kleinen Jungtiere sind äußerst gefährdet. Für die Barben, die Barsche und auch für die eigene Verwandtschaft sind sie eine willkommene Ergänzung des Speiseplans.

Wenn Sie gezielt züchten wollen, dann müssen Sie ausgesuchte Paare ins Zuchtbecken bringen. Die Weibchen dürfen vor dieser geplanten Paarung noch keinen Trächtigkeitsfleck haben. Hat die Paarung stattgefunden und zeigt sich jetzt der Trächtigkeitsfleck, können Sie das Männchen wieder ins große Aquarium zurücksetzen. Ist das Weibchen hochträchtig, dann geben Sie in das Aufzuchtbecken mehr Hornkraut, das gut wächst und für eine gute Wasserqualität sorgt. Nach der Geburt der Jungfische entfernen Sie das Weibchen und bringen es ins große Aquarium zurück.

Die Jungfische werden solange mit feinem Aufzuchtfutter gefüttert, bis sie etwa 1 cm groß sind und ins Aqua-

Einige Zierfischarten benötigen zur Zucht ein eigenes Becken, bei anderen werden viele der Jungen auch in einem dicht bepflanzten Gesellschaftsbecken groß.

rium zurückkönnen. Dann sind sie groß und schnell genug, um den anderen Fischen zu entkommen.

Das Ablaichbecken im großen Aquarium

Im Zoofachhandel gibt es kleine Ablaichbecken, die für die Zucht vieler Arten geeignet sind. Dabei handelt es sich um kleine Kunststoffkästen, deren Wände einem Sieb gleichen und die man im Aquarium schwimmen lassen kann. Der Vorteil ist, daß beim Versetzen der Weibchen die Wasserqualität und die Temperatur nicht geändert werden. Wenn Sie es geschickt anstellen, können Sie die Mutter sogar in das Ablaichbecken treiben und müssen sie nicht mit dem Netz einfangen. Auch in dieses Becken gehört etwas Hornkraut. Auf seinen feinen Blättern wachsen Mikroben als Erstfutter für die Jungtiere.

Zuchtbecken für Schwarmfische

Barben und Bärblinge setzen Sie besser gleich in ein separates Ablaichbecken. Wieder verwenden Sie als Laichsubstrat das robuste Hornkraut. Den Bodenteil des Beckens haben Sie mit einem Gitter abgetrennt, denn die Freilaicher sind Kaviarfreunde und schrecken auch nicht vor den eigenen Eiern als Futter zurück. Ablaichen, umdrehen und die eigene Brut verschlucken ist bei ihnen nicht selten die Regel.

Die anspruchslose Zweipunktbarbe (Barbus ticto) liebt die Geselligkeit, so daß man sie auf keinen Fall einzeln halten sollte.

In unserem Ablaichbecken fallen die Eier durch den Rost und sind für die Eltern so nicht mehr erreichbar. Oft findet der Laichakt am Abend oder am frühen Morgen statt. Sie fangen danach die Eltern wieder heraus und bringen sie in das große Aquarium zurück. Im Nachzuchtbecken sollten Sie nur einen schwachen Filter einsetzen, da Eier und Jungfische sonst in den Filtertopf gezogen werden und dort absterben. Ganz verzichten sollten Sie auf eine Filterung aber nicht, da viele Jungfische empfindlich auf eine Verschlechterung der Wasserqualität reagieren.

Buntbarsche versorgen die Brut selbst

Am leichtesten haben Sie es mit der Zucht der kleinen Buntbarsche. Hierzu brauchen Sie nur einen Blumentopf oder eine halbe Kokosnuß mit Einschlupfloch ins Aquarium zu stellen, den Rest der Arbeit übernehmen die Eltern selbst. Zunächst wird die Ablaichstelle penibel gereinigt, dann werden die Eier in der Höhlung an die Wand geklebt, bewacht und befächelt. Sobald die Jungen geschlüpft sind, befördern die Eltern sie in eine kleine Sandgrube. Dort bleiben sie bis der Dottersack aufgebraucht ist. Dann kommen sie unter Aufsicht ihrer Eltern aus dem Topf und werden zu den ergiebigsten Futterplätzen geführt. Ein sehr gutes Erstfutter bieten die Mikroben im Mulm zwischen den Wurzeln der Zwergspeerblätter. Den Motorfilter drosseln Sie herab bis die Jungfische etwa 1 cm lang sind. Angst um Verluste durch räuberische Aquarieninsassen brauchen Sie kaum zu haben, denn die Buntbarscheltern verteidigen ihre Kinder heftig, und nachts werden die Jungtiere immer wieder in die Höhlung zurückgebracht. Erst wenn die Eltern wieder ablaichen wollen, vertreiben sie die Jungen, und sie müssen für ihre Sicherheit selbst sorgen.

Antennenwelse züchten leicht

Für unsere wichtigsten Algenfresser, die Antennenwelse, legen Röhren mit etwa 1–2 cm Durchmesser auf den Sand. Die Männchen, die Sie an den breiteren Flossenstrahlen und an den geteilten hirschgeweihförmigen Borsten auf dem Kopf erkennen, bewachen die abgelegten Eier sorgfältig. Die Jungtiere machen sich gleich selbständig und verschwinden im Gewirr der Pflanzen, wo sie zarte Algen abweiden. Sie werden von anderen Fischen nur sehr ungern attackiert, denn sie können mit ihren spitzen und harten Flossenstrahlen die Verfolger schwer verletzen. Auch sie finden im Mulm und an den Wasserpflanzen genug Algen und Mikroben, die sie für ein gutes Wachstum brauchen.

Tip!

Nach jeder Nutzung des Quarantänebeckens sollten Sie es mit einer Kaliumpermanganatlösung desinfizieren. Fragen Sie Ihren Zoofachhändler nach den entsprechenden Mitteln. Vorsichtshalber ersetzen Sie die Hornkrauttriebe durch neue Pflanzen.

Gesundheitsvorsorge und Krankheiten

Ein Quarantänebecken ist unverzichtbar!

Es kann immer passieren, daß durch Lebendfutter Krankheiten eingeschleppt oder ein Fisch bei Auseinandersetzungen verletzt wird. Dann müssen Sie den Lädierten herausfangen und im Quarantänebecken genauer beobachten oder behandeln. Dieses Becken muß nicht groß sein. 10 bis 20 Liter Inhalt genügen vollauf, ein kleiner Thermostatheizer hält das Wasser etwa ein Grad wärmer als das Wasser im großen Aquarium. Der Boden wird auf eine ganz dünne Sandschicht reduziert und die Wasserqualität durch einige Triebe des Hornkrauts verbessert.

Nicht vergessen werden darf die Abdeckung des Kleinaquariums, wohingegen auf eine extra Lichtquelle verzichtet werden kann. Das Becken sollte stets einsatzbereit sein. Eine Heizung ist bei Leerstand nicht nötig, diese wird erst bei Bedarf eingeschaltet.

Bei genauer Beobachtung der Fische lassen sich Krankheiten zumeist rechtzeitig erkennen und oft auch erfolgreich behandeln.

Isolierung für neuerworbene Fische

Auch Neuzugänge gehören zunächst in das Quarantänebecken, denn in einem gut eingefahrenen Aquarium mit einem schönen und gesunden Bestand von Pflanzen und Tieren soll das Risiko der Einschleppung einer Krankheit möglichst gering gehalten werden. Der Neuling könnte ja beim Herausfangen im Zoogeschäft kleine Schleimhautverletzungen davongetragen haben, in die Krankheitserreger eindringen könnten, die bei einem unverletzten Fisch keine Chance hätten. Auch eine Schwächung des Tieres durch die Abkühlung während des Transports ermöglicht es Krankheitserregern, eine Infektion hervorzurufen. Zwei Tage intensiver Beobachtung reichen in der Regel aus, dann kann der Neuling in das große Aquarium umgesetzt werden.

Da viele Fischkrankheiten sehr ansteckend sind, sollte man erkrankte Fische unverzüglich in ein separates Quarantänebecken setzen und dort behandeln.

Was tun, wenn die Fische krank werden

Zierfische sind nicht sehr groß und ihre Parasiten und Krankheitserreger sind noch kleiner. Daher können Sie diese nur schwer entdecken. Allerdings sind nicht immer Krankheiten dafür verantwortlich, wenn sich Fische plötzlich anders verhalten als gewohnt. Schnappen beispielsweise alle Fische an der Oberfläche nach Luft, dann fehlt entweder der Sauerstoff oder das Aquarium ist chemisch gekippt. In diesem Fall müssen sofort die Wasserwerte geprüft werden, um entsprechend auf die Veränderung reagieren zu können, etwa durch einen Wasserwechsel oder Filterung über Aktivkohle.

Sind die meisten Fische aber munter und fidel und nur einer schnappt an der Oberfläche nach Luft, dann ist er mit einiger Sicherheit krank, so daß ein Übersetzen ins Quarantänebecken notwendig wird. Ein weiterer Hinweis auf eine mögliche Erkrankung ist auch, wenn ein Fisch anders schwimmt als sonst. Wenn er also beispielsweise wild im Becken herumschießt oder japsend auf dem Rücken schwimmt, muß man sofort eine Behandlung versuchen. Schauen Sie sich das kranke Tier genau an, um die Ursache der Erkrankung herauszubekommen (siehe auch Seite 54–55). Gelingt das nicht, sollten Sie Ihren Zoofachhändler zu Rate ziehen, der sie auch über die verfügbaren Medikamente informieren kann. Tote Fische müssen sofort aus dem Becken entfernt werden.

> **Tip!**
>
> Oft wirkt sich auch Zigarettenrauch schädlich auf Aquarien aus. Besonders Labyrinthfische wie Makropoden, Fadenfische oder Kampffische leiden unter dem Nikotineinfluß.

Herausquellende Augen sind zumeist Anzeichen einer lebensgefährlichen Krankheit.

Häufige Krankheiten

Eine Beschreibung aller Fischkrankheiten würde dicke Bücher füllen. Fürs erste reicht es daher aus, die häufigsten Erkrankungen zu kennen, über den Rest informiert Sie der Spezialist. Diese Krankheiten sind relativ leicht zu erkennen, und es gibt Arzneimittel, die Sie selbst anwenden können.

Pünktchenkrankheit
Symptome: Erreger sind Wimpertierchen der Gattung *Ichthyophthirius.* Es handelt sich um Schwächeparasiten, die fast überall vorhanden sind, kräftigen Fischen aber nicht schaden. Allerdings dringen sie oft in verletzte Stellen der Schleimhaut von Fischen ein, die durch unsachgemäßen Transport und die Umstellung auf die neue Umgebung in der Wiederstandskraft geschwächt wurden. Erkrankte Tiere juckt es am ganzen Körper, schon bevor Sie die weißen Parasiten in Pünktchengröße entdecken können. Die Fische reiben sich an Steinen und Pflanzen, und wenn Sie ganz genau hinschauen, dann sehen Sie auch an den Flossen die ersten weißen Punkte.
Behandlung: Alle Fische müssen sofort mit einem Mittel behandelt werden. Wenn Contra Ick, Punktol oder andere Mittel genau nach Angaben des Herstellers verwendet werden, sind weder Fische noch Pflanzen gefährdet. Vorsichtshalber erwärmen Sie das Wasser um zwei Grad. Nach dem Verschwinden der Pünktchen warten Sie noch einige Tage und filtern dann 24 Stunden über Aktivkohle und wechseln ein Drittel des Wassers aus.

Flossenfäule
Symptome: Vor allem infolge der Transportbedingungen und der Änderung der Wasserqualität – also aus Anlaß des Kaufes oder des Tausches von

Fischen – tritt leicht die Flossenfäule auf. Die feinen Häute zwischen den Flossenstrahlen lösen sich auf und verschwinden.
Behandlung: Diese Krankheit ist nicht so leicht übertragbar wie die Pünktchenkrankheit. Deshalb kommt der Fisch ins Quarantänebecken und wird zunächst mit Meersalzlösung und dann mit dem nötigen Medikament behandelt. Da es sich meist um eine bakterielle Erkrankung handelt, kann sie mit Antibiotika oder mit einem Kupferpräparat gut behandelt werden.

Pilzerkrankungen
Symptome: Watteartige Beläge, die vor dem Maul, an den Flossen oder am Körper auftreten, sind Pilzwucherungen an Wunden, die vom Transport oder häufiger noch von Kämpfen der Fische herrühren.
Behandlung: Es erfolgt die gleiche Behandlung im Quarantänebecken wie bei der Flossenfäule.

Lebensgefährliche Krankheiten
Symptome: Bei Beulen oder offenen Geschwüren handelt es sich oft um krebsartige Erkrankungen, die kaum zu heilen sind, aber wenigstens nicht übertragen werden. Auch herausquellende Augen weisen auf gefährliche Krankheiten hin. Die Fische müssen, ebenso wie bei gesträubten Schuppen oder einem nicht vom Futter oder einem Laichansatz aufgeblähten Bauch, sofort behandelt werden.
Behandlung: Wegen Verdacht auf Bauchwassersucht sofort aus dem Aquarium entfernen.

Unheilbar erkrankte Fische töten
Es ist oft tierfreundlicher, wenn Sie einen unheilbar erkrankten Fisch herausfangen und schnell töten, als sein Leiden endlos zu verlängern oder den Kranken gar lebendig in der Toilette zu versenken.

Hängt ein Fisch ständig dicht unter der Wasseroberfläche, ist er mit großer Wahrscheinlichkeit krank. Zeigen mehrere Tiere ein solches Verhalten, kann die Ursache auch Sauerstoffmangel im Becken sein.

Fische verstehen lernen

Der Lebensraum Wasser stellt ganz besondere Anforderungen an seine Bewohner. Um diesen gerecht zu werden, haben Fische eine Reihe anatomischer Besonderheiten entwickelt, auf die in diesem Teil des Buches eingegangen werden soll, ebenso wie auf einige typische Verhaltensweisen, die sich oft auch im Aquarium beobachten lassen.

Einige Barsche, so auch dieser Tüpfelbuntbarsch (Aequidens curviceps), können während der Paarungszeit recht unverträglich werden.

Kleine Fischkunde

Die Atmung

Zum Atmen pumpen die Fische Wasser über das Maul an ihren Kiemen vorbei. Dort sitzen die Blutgefäße sehr dicht an der Oberfläche, so daß Sauerstoff leicht aufgenommen und verbrauchte Luft abgegeben werden kann. Einige, in schlecht durchlüfteten Gewässern lebende Fischarten haben zudem noch spezielle Organe entwickelt, die es ihnen ermöglichen, zusätzlich Luftsauerstoff zu atmen. So besitzen beispielsweise die Labyrinthfische ein lamellenartiges „Labyrinth" in der Kiemenhöhle. Darin speichern sie atmosphärische Luft, um ihr dann den Sauerstoff zu entziehen. Aber auch einige Welse können Luft atmen, indem sie diese verschlucken und den Sauerstoff dann über den Darm aufnehmen.

Die Schwimmblase

Daß viele Fische ohne weitere Kraftanstrengung in einer bestimmten Wassertiefe schweben können, verdanken sie ihrer gasgefüllten Schwimmblase. Der Druck kann vom Fisch verändert werden, und er kann sich so an die vorherrschenden Bedingungen anpassen. Manche Fische benutzen die Schwimmblase zusätzlich, um Geräusche zu machen oder um diese zu verstärken.

Welse haben normalerweise am Maul zahlreiche Barteln, mit denen sie ihr Futter auch im Dunkeln aufspüren können.

Das Seitenlinienorgan

Das Nervensystem der Fische ist mit dem Wasser durch eine Reihe winziger Öffnungen verbunden, die auf den Flanken der Fische sitzen und in ihrer Gesamtheit als Seitenlinienorgan bekannt sind. Damit können sie Druckwellen registrieren, die von einem Hindernis oder von einem anderen Tier ausgehen, das als Beute in Frage kommt oder von dem möglicherweise Gefahr droht.

Körperform und Körperoberfläche

Die Gestalt eines Fisches ist in der Regel stark von seinem Lebensraum abhängig. So sind Fische aus schnellfließenden Gewässern normalerweise stromlinienförmig gebaut, weil ihr Körper dann den geringsten Widerstand bietet. Auch scheibenförmige Fische, etwa der Diskus, können in starker Strömung leben. Man findet sie aber oft in ruhigen, dicht mit Pflanzen bewachsenen Gewässern, zwischen denen sie sich mit ihrem seitlich zusammengedrückten Körper problemlos fortbewegen können. Bodenfische haben in der Regel eine abgeflachte Bauchseite, so daß sie sich dicht am Boden aufhalten können, während Fische mit abgeplattetem Rücken zumeist an der Wasseroberfläche leben.

Die meisten Fische sind durch einen mehr oder weniger dichten Schuppenpanzer vor äußeren Einflüssen geschützt. Schuppenlose Fische haben ersatzweise eine dickere Haut oder aber Knochenplatten, die die Funktion der Schuppen übernehmen.

Balzverhalten

Weitverbreitete Verhaltensweisen bei der Balz.

- Farben intensivieren sich plötzlich. Weibchen werden umkreist, auch zitterndes, flossenspreizendes Querstellen vor den Weibchen ist häufig.
- Verstärkte Angriffe auf Nebenbuhler.
- Freidrohen und Freikämpfen eines Brutbereichs.
- Putzen eines Brutplatzes, eines Steines, eines Holzstücks oder eines harten Blattes.
- Anlocken des Partners und Zeigen des für den Laichakt vorbereiteten Platzes.
- Änderung der Farbe und des Zeichnungsmusters bei Bereitschaft zum Ablaichen.

Wichtige Verhaltensweisen bei der Führung von Jungfischen:

- Befehle durch Farb- und Zeichnungssignale und durch spezielle Bewegungen von Flossen und Kiemen. Intensive Verteidigung von Brut und Revier.

Die Flossen

Die meisten Fische haben doppelt vorhandene (paarige) und unpaare, also nur einfach vorkommende Flossen. Zu den letztgenannten gehören Schwanz-, Rücken-, After- und (sofern vorhanden) Fettflosse; paarig vorhanden sind Brust- und Bauchflossen. Die Schwanzflosse dient normalerweise der Vorwärtsbewegung, während Rücken- und Afterflosse für eine aufrechte Schwimmweise sorgen. Mit den paarigen Flossen können die Tiere steuern.

Das Fischmaul

Auch aus der Stellung des Fischmauls läßt sich zumeist schon auf die Lebensweise der Tiere schließen. So deutet ein unterständiges Fischmaul auf eine bodenständige Lebensweise hin, während Arten mit oberständigem Maul sich vorzugsweise an der Wasseroberfläche aufhalten. Fische der mittleren Wasserregionen haben normalerweise ein endständiges Maul.

Sicht und Geruch

Die meisten Fische sind mit Augen ausgestattet, denen allerdings die Augenlider fehlen, da die Hornhaut ja ständig vom Wasser gereinigt wird. Wie die Körperform und die Stellung des Fischmauls, lassen auch die Augen häufig Rückschlüsse auf die Lebensweise zu. So befinden sich die der Bodenfische zumeist auf der Oberseite des Kopfes, während Bewohner der mittleren Wasserzonen seitlich orientierte Augen haben, die eine gute Rundumsicht ermöglichen. Wenn der Lebensraum schlammig ist, sind die Augen eher klein und der Fisch verläßt sich hauptsächlich auf seinen Geruchssinn und das Seitenlinienorgan. Einige Raubfische, etwa der Hecht, können sogar räumlich sehen, während sich die Augen bei anderen, etwa beim Blinden Höhlensalmler *(Astyanax fasciatus mexicanus)* als Anpassung an ein Leben im Dunkeln so stark zurückentwickelt haben, daß die Fische jetzt blind sind. Weil Fische aufgrund der fehlenden Augenlider ihre Augen nicht zumachen können, wird oft angenommen, sie würden auch nicht schlafen. Das trifft allerdings nicht zu, sondern auch Fische brauchen ihre regelmäßigen Ruhephasen. Dabei ändern viele ihre Körperzeichnung und Farbe; manche schweben in der Nähe des Bodens, oder verstecken sich in Höhlen, hängen sich in dichte Pflanzen oder stützen sich ab. Der Geruchssinn der meisten Fische ist sehr empfindlich, wobei zusätzlich zu den Geruchszellen in der Nase noch Geruchs- und Geschmacksrezeptoren an Flossen oder Barteln vorhanden sein können.

Schutzmechanismen

Fische haben zahlreiche Strategien entwickelt, um Gefahren abzuwehren. So machen Stacheln es einem Freßfeind schwer, das Opfer zu verschlingen; bei einigen Arten ist das Fleisch der potentiellen Opfer giftig, und es gibt sogar Fische, die Stromschläge austeilen, entweder um Feinde in die Flucht zu jagen, oder um ihre Beute zu betäuben.

Färbung

Die außergewöhnlichen Farben, die viele Zierfische so faszinierend machen, haben einen durchaus praktischen Hintergrund: Sie dienen der Erkennung von Artgenossen, der Warnung, aber auch der Tarnung oder Täuschung. Zur Laichzeit können Färbungen besonders attraktiv sein, etwa um Rivalen zu warnen oder um Weibchen anzulocken. Die Färbung entsteht durch Pigmente oder Einlagerung lichtreflektierender Guaninkristalle in die Haut.

Fische und ihr Verhalten

Fische haben ein weitgefächertes Verhaltensrepertoire. Jede Art, ja oft schon jede Unterart, hat eigene Verhaltensweisen entwickelt, die beispielsweise bei der Balz festlegen, welche Partner eine erfolgreiche Paarung vollziehen können. Vor allem die brutpflegenden Familien, die Buntbarsche und die Labyrinthfische, haben Paarungsrituale, die auch für den Laien deutlich unterscheidbar sind. Bei Schwarmfischen sind diese unterschiedlichen Verhaltensweisen nicht so deutlich.

Bei einigen Arten, etwa diesem Glasbarsch (Chanda wolffii), ist der Körper so durchscheinend, daß einzelne Organe zu erkennen sind.

Auffällige Verhaltensweisen

Imponieren:	Farbe intensivieren, Flossen spreizen, durch Flossenschlagen oder Körperzittern diese optischen Eindrücke verstärken.
Drohen:	Körper aufblasen, Kiemendeckel seitlich abspreizen, dadurch den Kopf größer erscheinen lassen.
Einschüchtern:	Gegner parallel anschwimmen, Körperzittern und mit der Schwanzflosse kräftige Schläge in Richtung Gegner austeilen.
Angreifen:	Farbe ändern, Flossen spreizen, Kiemen ausklappen, direkt auf das Maul des Gegners zielen, beißen. Die bis dahin noch gleichwertigen Gegner verbeißen sich in die Mundpartien, drücken, schütteln und ziehen, bis einer nachgibt und mit verblassender Farbe und angelegten Flossen davonschwimmt.
Verfolgen:	Manche Fische kommen so in Rage, daß sie den unterlegenen Gegner verfolgen, in den Schwanz beißen oder ihn sogar töten. In einem solchen Fall muß der Unterlegene im Aquarium Verstecke bekommen, in die der Stärkere wegen seiner Größe nicht eindringen kann oder er muß ganz aus dem Aquarium entfernt werden.

Bessere Umweltsensoren als die Technik

Phantastisch, wie ein Fisch mit Hilfe seiner Meßinstrumente und der Eigenschaften des Wassers stets über seine Lage in der Umwelt Bescheid weiß, wofür wir komplizierte Geräte wie Radar und andere Hilfsmittel brauchen.

So wie sich die Fische an die zahlreichen verschiedenen Biotope der Welt angepaßt haben, so vielfältig mußten sie ihr Verhalten an die jeweiligen Bedingungen anpassen. Es gibt aggressive Einzelgänger, die ihr Territorium vehement gegen alle anderen Fische verteidigen und sogar die eigenen Weibchen umbringen, wenn nicht gerade Fortpflanzungszeit ist. Andere sind nur gegen Artgenossen unverträglich, tolerieren hingegen andere Fischarten in ihrem Revier. Dazu gehören vor allem die Buntbarsche und die Labyrinthfische. Pflanzenfresser unter den Fischen sind in der Regel sehr viel friedlicher als Raubfische. Sie leben oft in großen Schwärmen wie die Barben und die Salmler. Im allgemeinen kann man sagen, daß einzellebende Fischarten, die auch noch die Fähigkeit zum schnellen Farbwechsel haben, aggressiv sind. Schwarmfische dagegen sind friedlich, auch wenn sie so farbig sind wie der Rote Neon.

Forum für Fische

Literatur

Gottfried Schubert/Dieter Untergasser: Krankheiten der Fische. Erkennen, Heilen, Vorbeugen, Franckh-Kosmos Verlag, Stuttgart 1994.

Peter Stadelmann: Das Aquarium, Gräfe und Unzer, München 1998.

Lothar Seeger: Das Aquarium, Ulmer, Stuttgart 1992.

Peter Beck: Aquarium Grundkurs, Franckh-Kosmos, 1998.

Klaus Paysan: Aquarienfische. 500 Arten – Pflege und Haltung, Franckh-Kosmos, Stuttgart 1992.

Klaus Paysan: Beispielhafte Aquarien. Biologisch richtige Zierfischhaltung in 25 schönen Aquarien, Tetra, 1991.

Zeitschriften

DATZ (Aquarien- und Terrarienzeitschrift), Ulmer, Stuttgart.

Aquarium heute, Aquadocumenta Verlag, Bielefeld.

Das Aquarium, Schmettkamp Verlag, Bornheim

Danksagung

Der Autor dankt seinen Freunden Landes, Kleinmann und Fischer von Zoo Kölle, Herrn Gula und seinen Fischfanatikern Feucht und Ritter für die vielen fruchtbaren Aquaristikgespräche.

Der Verlag dankt Hans W. Kothe für die ideenreiche Unterstützung.

Impressum

Die Deutsche Bibliothek – CIP-Einheitsaufnahme

Ein Titelsatz für diese Publikation ist bei der Deutschen Bibliothek erhältlich.

Augustus Verlag

Fotos: Hecker: S. 10 o., S. 46, S. 64; Kahl: S. 1, S. 2, S. 4, S. 11 o., S. 11 u., S. 14 o., S. 20, S. 24, S. 38, S. 63;
Alle anderen Fotos: K. Paysan
Illustrationen: Manfred Lindner
Lektorat: Sibylle Kolb, Augustus Verlag
Redaktion: Hans W. Kothe, Jena
Layout und Satz: Uhl & Massopust, Aalen, nach einem Entwurf von Cosmas Fette, Offendorf, gesetzt aus der Stone Informal 9/13 Punkt
Reproduktion: Uhl & Massopust, Aalen
Umschlaggestaltung: Vera Faßbender, Augsburg
Druck und Bindung: Offizin Andersen Nexö, Leipzig
Gedruckt auf umweltfreundlich chlorfrei gebleichtem Papier
Printed in Germany

ISBN 3-8043-7357-7

Register

Abdeckung 27
Ablaichbecken 50
Algen 45
Algenwachstum, Kontrolle 28
Antennenwels, Blauer 15, 37
Antennwelse, Zucht 51
Apfelschnecke 36, 37
Aquarieneinrichtung 24 ff., 29, 31
Aquaristik, Geschichte der 7
Artbecken 22
Artenschutz 7
Außenfilter 25

Bakterien 25
Balzverhalten 58
Barben 12 ff., 47, 49, 50
Barsche 49
Beckengröße 21
Beleuchtung 27
Besatzdichte 21
Black Molly 8, 36
Bodengrund 29
Brutpflege 47
Buntbarsche 13 ff., 46, 48, 60
Buntbarsche, Zucht 51

Chlor 35

Diskusfische 46, 57

Ernährung, artgerechte 40
Erstbesatz 36

Färbung 59
Filter 24
Filterreinigung 17, 45
Fische einsetzen 35
Fische töten 55
Fischkauf 17, 35
Fischverhalten 59
Fischzucht 46
Flockenfutter 38, 39
Flossenfäule 54
Freilaicher 47, 50
Futtertabletten 23, 39
Fütterung 17, 38
Futterzeiten 40

Gesellschaftsbecken 22
Glasbarsch 59
Glühlichtsalmler 11
Gonopodium 48
Guppy 8, 48

Haferflocken 41
Harnischwelse 35
Härtegrad 47
Heizkabel 27
Heizmatten 27
Heizung 25, 26
Holz 29
Hornblatt, Gemeines 32, 33, 34
Hornkraut 49, 50
Hypostomus 37

Kalkgehalt 29
Kaltwasseraquarium 21
Kaltwasserfische 6
Kampffisch, Siamesischer 14
Kieselsteine 29
Kinder und Aquarium 19
Komplettangebote 20
Körperform 57
Körperoberfläche 57
Kosten 20, 21
Krankheiten 53 ff.
Krankheitserreger 52
Krankheitssymptome 53
Kupfersalmler 10

Labyrinthfische 14 ff., 48, 69
Landschaftsbecken 22
Lavasplit 29
Lebendfutter 38, 39, 52
Lebendgebärende 8, 46, 48, 49
Leitungswasser 42
Lichtintensität 27
Ludwigie, Kriechende 32, 33, 34

Maulbrüter 46, 48
Moorkienholz 29, 30
Mückenlarven 40, 41
Mulm 42
Mulm absaugen 44

Neonsalmler 57
Nervensystem 57
Nestbauer 48
Nitrat 47
Nitrit 47

Panzerwels, Gewellter 15
Pestizide 39, 41
Pflanzen 32 ff.
Pflegeplan 42
pH-wert 17, 47
Pilzerkrankungen 55
Platy 9
Posthornschnecke 37
Pünktchenkrankheit 54
Putzerfische 35, 36
Putzmittel 43, 45

Quarantänebecken 52

Roter Neon 10, 60

Salmler 10 ff.
Sand 29
Saugschmerle 35, 37
Saugwelse 35
Säuregrad des Wassers 43
Schmetterlingsbuntbarsch, Südamerikanischer 13
Schnecken 35
Schönflossenbärbling 37
Schraubenvallisnerie 32, 33, 34
Schwarmfische 20, 46, 50, 60
Schwertträger 9, 36
Schwimmblase 57
Segelflosser s. Skalar 13
Segelkärpfling 48
Seitenlinienorgan 57
Skalar 13, 41, 46, 52
Spiegelkärpfling s. Platy
Stabheizer 26
Standort des Aquariums 28
Stechmücken 41
Steine 30
Sternpflanze, Indische 32, 33, 34
Stichlinge 48
Stromanschlüsse 28
Substratlaicher 47
Sumatrabarbe 12

Thermometer 27
Thermostatheizer 26
Tiefkühlfutter 40
Trauermantelsalmler 11
Tubifex 41
Tüpfelbuntbarsch 56
Turmdeckelschnecke 37

Unterbodenfilter 25
Urlaub 23

Verhaltensweisen, auffällige 60

Warmwasseraquarium 21
Warmwasserfische, Haltung 7
Wasser als Lebensraum 4
Wasser, Zusammensetzung 5
Wasserflöhe 39
Wasserfreund, Indischer 32, 33
Wasserhärte 43
Wasserhygiene 37
Wassernabel, Brasilianischer 32, 33, 34, 35
Wasserpest, Argentinische 32, 34
Wasserschadensversicherung 28
Wasserwechsel 17, 42, 43, 44
Wasserwerte 47, 53
Welse 15, 57
Welse, nachtaktive 41
Wurzeln 30

Zahnkarpfen, lebendgebärende 46, 49
Zebrabärbling 12
Zubehör 24
Zweipunktbarbe 50
Zwergbarsch 7
Zwergfadenfisch 14
Zwergspeerblatt 32, 33, 34, 51

Aquarienspiel

Taktisches Würfel- und Lernspiel für 2–4 Spieler ab 7 Jahren
Spielidee: Ingo Faustmann, Ravensburg
Fragen und Antworten: Hans W. Kothe

SPIELZIEL ... ist es, bei Spielende die meisten Punkte zu haben!

SPIELVORBEREITUNG Zunächst trennt Ihr den Spielplan vorsichtig aus dem Buch heraus. Nun braucht Ihr noch Spielmaterial, das Ihr aus einem anderen Spiel herausnehmen könnt: einen Würfel mit den Zahlen 1 bis 6, eine Spielfigur für jeden Mitspieler, 12 Chips (oder Münzen), ein Blatt Papier und einen Stift.

Neben den *Lauffeldern*, auf denen Ihr Eure Spielfigur bewegt, gibt es 15 *große Aquarienfelder* mit bunten Abbildungen. Davon sind 12 Fragefelder (auf denen Ihr Euer Wissen testen könnt) und 3 Chancenfelder, auf denen Ihr mit Glück zusätzlich Punkte machen könnt. Legt auf die 12 Fragefelder jeweils einen Chip – am besten so, daß der Text nicht abgedeckt wird.

JETZT GEHT`S LOS! Jeder sucht sich eine Spielfigur aus und stellt sie auf das farbgleiche Startfeld. Wählt einen Startspieler aus und gebt diesem Spieler den Würfel. Danach geht es dann immer im Uhrzeigersinn weiter. Der Startspieler notiert zusätzlich Eure Punkte und bekommt deshalb Papier und Stift. Wer an der Reihe ist, würfelt und bewegt dann seine Spielfigur genau um die gewürfelte Augenzahl weiter. Man kann in jede beliebige Richtung gehen. Jedes Feld zählt einen Würfelpunkt. Endet Euer Spielzug auf einem Feld, wo ein Mitspieler steht, habt Ihr Pech. In diesem Fall müßt Ihr eine andere als die gewünschte Richtung ziehen.

DIE 15 AQUARIENFELDER Wer seinen Zug auf einem ➡ - Feld beendet, kann jetzt vielleicht einen Punkt machen. Der Pfeil zeigt dabei auf das Aquarienfeld, um das es jetzt geht. Ist es ein Fragefeld, dann liest Dein linker Nachbar jetzt die Frage vor, und Du mußt die richtige Antwort geben. Diese ist unter der Nummer des Feldes auf der folgenden Seite abgedruckt. Stimmt die Antwort, wird Dir ein Punkt gutgeschrieben und der Chip abgeräumt, ansonsten hast Du Pech und beendest den Zug ohne Punktgewinn. Das Spiel endet, wenn der letzte der 12 Chips abgeräumt und damit alle Fragen einmal gestellt und beantwortet wurden. Ist es ein Chancenfeld, so kannst Du Glück haben, einen Punkt einfach so zu bekommen: Wenn Du jetzt eine der Zahlen würfelst, die auf dem Feld abgedruckt sind, dann erhältst Du einen Punkt, ohne daß Du etwas dafür tun mußt.

WICHTIG Auf den Chancenfeldern kann jeder, wenn er darauf kommt, immer wieder sein Glück versuchen. Der Startspieler, der für Euch die Punkte aufschreibt, muß aber wegen der Endabrechnung darauf achten, daß er für jeden Mitspieler die Punkte aus den Fragefeldern und aus den Chancenfeldern extra notiert!

DIE ABRECHNUNG Jetzt wird´s spannend.
- Jeder Punkt aufgrund einer richtig beantworteten Frage eines Fragefeldes zählt ganz normal.
- Jeder Punkt aufgrund eines richtigen Tips auf einem Chancenfeld zählt auch als ein Punkt – mit der einzigen Ausnahme, daß man auf diese Weise nicht mehr Punkte zusätzlich machen kann als mit richtig beantworteten Fragen.

Ein Beispiel: Evi hat bei Spielende 3 Punkte aus den Fragefeldern und 4 Punkte aus den Chancenfeldern. Das ergibt, daß man bei Spielende nicht mehr Punkte für die Chancen dazuzählen darf als man Fragen richtig beantwortet hat: 3 Punkte (Fragefelder) + 3 Punkte (Chancenfelder – ein Punkt verfällt) = 6 Punkte insgesamt.

SIEGER IST, WER DIE MEISTEN PUNKTE HAT. VIEL SPASS!

Antworten zum Aquarienspiel

1. Kauf Da man nie sicher sein kann, ob neu gekaufte Fische nicht vielleicht ansteckende Krankheiten haben, hält man sie zunächst getrennt von den anderen und beobachtet sie einige Tage, bis man überzeugt ist, daß sie auch gesund sind.

2. Ausstattung Neben Meerwasseraquarien, die für Anfänger ungeeignet sind, muß man sich entweder für ein Warmwasser- oder für ein Kaltwasserbecken entscheiden. Geeigneter ist für unsere geheizten Wohnräume ein Warmwasseraquarium.

3. Haltung Neonsalmler und viele andere Arten sind Schwarmfische, die sich nur in einer Gruppe wohl fühlen. Einzeln gehaltene Tiere verkümmern zumeist oder werden aggressiv.

4. Zusammenleben Schnecken nagen nicht nur die im Aquarium unerwünschten Algen von den Scheiben, sondern fressen leider häufig auch die Blätter der Pflanzen ab.

5. Nahrung Mit dieser Art der Fütterung ahmt man die natürlichen Lebensbedingungen am besten nach, denn in der Natur sind Fische fast den ganzen Tag über auf Nahrungssuche.

6. Hygiene Ein guter Filter wälzt pro Stunde ungefähr die Hälfte des Beckenwassers um.

7. Krankheit Von der Weißpünktchenkrankheit befallene Fische weisen weißliche Pünktchen an den Flossen und am Körper auf. Da die Krankheit sehr ansteckend ist, empfiehlt sich die Behandlung aller Fische des Beckens mit einem Medikament, das der Zoofachhändler bereithält.

8. Verhalten Die Männchen sind oft besonders farbenprächtig, wenn sie um ein paarungsbereites Weibchen werben. Ein solches Balzverhalten zeigen aber nur Fische, die sich auch wohl fühlen.

9. Nachwuchs Hält man die Fische in einem Gesellschaftsbecken, sollte man einen Ablaichkasten verwenden, der den Laich vor anderen Fischen schützt. Ebenfalls geeignet ist ein separates Zuchtbecken, das allerdings im unteren Teil mit einem Gitter ausgestattet werden sollte, durch das die Eier fallen können, um so unerreichbar für ihre Eltern zu sein, die nicht selten ihren eigenen Laich fressen.

10. Fürsorge Die sogenannten Maulbrüter, die ihre Eier im Maul „ausbrüten", da sie dort besonders gut vor Freßfeinden geschützt sind. Aber auch die geschlüpften Jungfische suchen bei Gefahr noch eine ganze Zeit Schutz im Maul der Eltern.

11. Anpassung Das Saugmaul der Harnischwelse dient zum Abraspeln von Algen, aber auch zum Festhalten am Untergrund, denn diese Welse leben in schnellfließenden Bächen, in denen die Strömung sie sonst fortreißen würde.

12. Arten Man darf nur solche Arten zusammen halten, die die gleichen Ansprüche an Wasserqualität und Temperatur stellen, die in der Größe zusammenpassen (damit die kleineren nicht gefressen werden) und die sich auch gut vertragen (also keine streitsüchtigen mit sehr ängstlichen Arten).